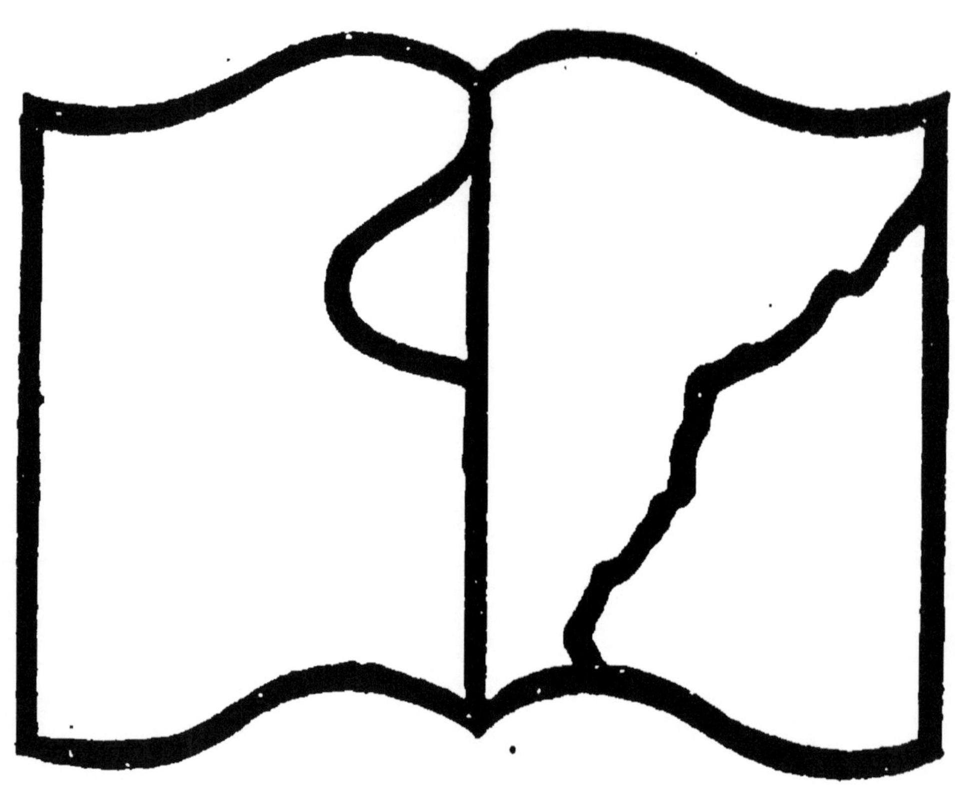

Texte détérioré — reliure défectueuse

NF Z 43-120-11

Trente-quatrième édition

AVIGNON

AUBANEL FRÈRES, ÉDITEURS

Imprimeurs de N. S. P. le Pape
de Mgr l'Archevêque d'Avignon, de Mgr l'Archevêque de Reggio
Métropolitain des Calabres
et de Mgr l'Évêque de Terracine, Sezze et Piperno

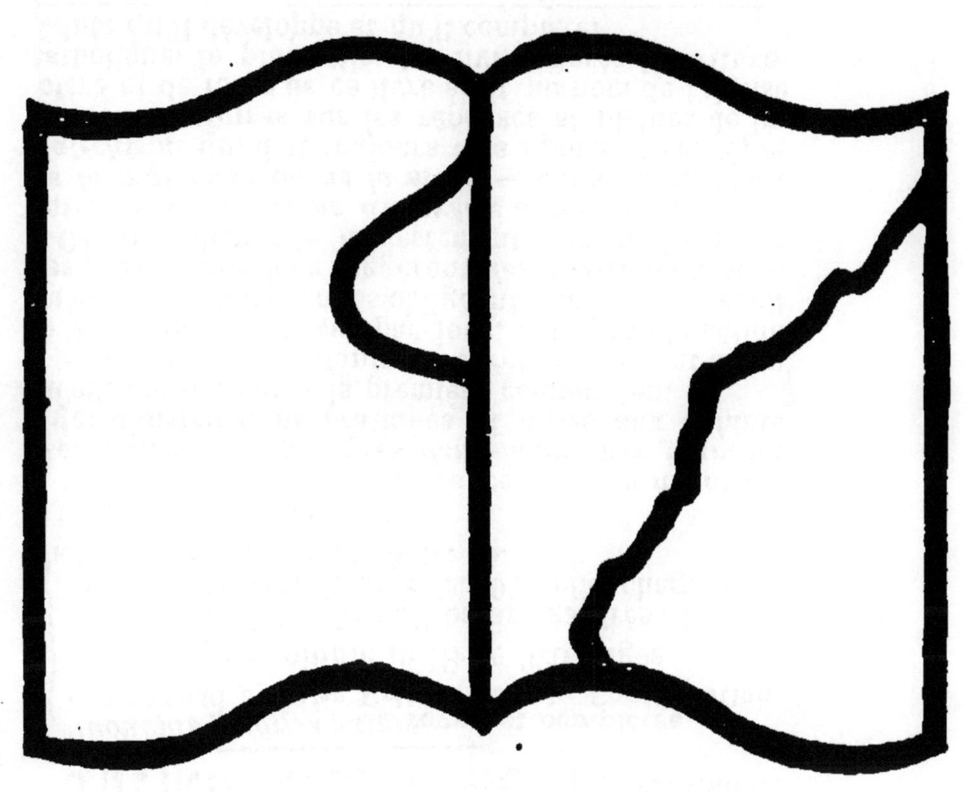

Texte détérioré — reliure défectueuse
NF Z 43-120-11

LES PETITES VERTUS ET LES PETITS DÉFAUTS

DE LA JEUNE FILLE

AU PENSIONNAT ET DANS SA FAMILLE

LES PETITES VERTUS

ET

LES PETITS DÉFAUTS

DE LA JEUNE FILLE

AU PENSIONNAT ET DANS SA FAMILLE

Par l'Auteur des PAILLETTES D'OR et du LIVRE DE PIÉTÉ DE LA JEUNE FILLE

OUVRAGE APPROUVÉ

Par S. G. Mgr Dubreil, Archevêque d'Avignon
et S. G. Mgr Terris, Évêque de Fréjus et Toulon

Quarante-sixième édition

AVIGNON

AUBANEL FRÉRES, ÉDITEURS, IMPRIMEURS

de N. S. P. le Pape de Mgr l'Archevêque d'Avignon
de Mgr l'Archevêque de Reggio, Métropolitain des Calabres
et de Mgr l'Évêque de Terracine, Sezze et Piperno.

APPROBATION

DE

S. G. Mgr DUBREIL, ARCHEVÊQUE D'AVIGNON

D'après le rapport qui Nous a été fait, Nous approuvons l'ouvrage intitulé : *Les Petites Vertus et les Petits Défauts de la jeune fille au pensionnat et dans sa famille*, par un prêtre de Notre diocèse, et le recommandons comme très-utile en particulier aux pieuses institutrices appelées à former le cœur et le caractère des jeunes personnes dont l'éducation leur est confiée.

Avignor, le 2 octobre 1861.

† LOUIS-ANNE, *Arch. d'Avigron.*

APPROBATION

DE

S. G. Msr Terris, Évêque de Fréjus et Toulon.

(Extrait d'une lettre à l'Auteur)

A l'approbation de votre *Sommaire de la Doctrine Catholique*, j'ai hâte, mon cher chanoine, de joindre, au moins en les rappelant, les éloges que méritent vos publications plus anciennes et si heureusement répandues. Qui ne connaît vos délicieuses *Paillettes d'Or*, périodiquement semées, depuis des années par tous les vents du ciel, et jetant leur éclat sous tant d'horizons divers ? Et la *Science du ménage*, et le *livre de la jeune fille* au *Pensionnat* et en *Vacances*, et le *livre des enfants qui se préparent à la Première Communion*, et les *petites Vertus* et les *petits Défauts de la jeune fille*, et le *Traité de Style épistolaire* et de la *Composition littéraire* ? Dans un ordre plus élevé, vous avez, en pénétrant les saintes profondeurs de la vie religieuse, publié le *petit livre des Supérieures*, le *petit livre des Novices*, la *Direction spirituelle à l'usage des communautés*, et en dernier lieu, si je ne me trompe, le *livre des Professes* que nous aimons à recommander à nos couvents, et dont j'espère que vous ne serez pas trop attendre le volume complémentaire. Je ne veux pas oublier le *livre des Garde-malades* qui vous a valu au point de vue médical, une excellente lettre d'un ancien interne des hospices de Toulon. — Vos œuvres, mon cher chanoine, ne sont donc pas seulement des Paillettes ; elles forment, sous le voile modeste de l'anonyme, une véritable gerbe d'or. J'éprouve une vraie joie à la rattacher aujourd'hui avec le lien de la vieille amitié d'un condisciple qui, devenu Evêque, n'en est que plus heureux de vous envoyer, avec sa bénédiction la meilleure, l'assurance de son affectueus estime et de son entier dévouement en N.-S.

Fréjus, le 29 Avril, 1882.

† FERDINAND, *Ev. de Fréjus et Toulon.*

INTRODUCTION.

I. — BUT DE CE TRAVAIL.

Ces pages ne sont pas seulement un *livre de lecture;* elles sont rédigées de manière à être, dans la famille, *plus méditées que lues;* dans le pensionnat, *apprises par cœur,* récitées en classe, et commentées quelquefois par la maîtresse.

Elles n'offrent rien de neuf, rien que les enfants n'aient entendu mille fois; mais peut-être l'obligation de réfléchir sur les conseils qu'elles renferment, puis-qu'il faudra les apprendre par cœur, leur donnera-t-elle une utilité que n'ont jamais de simples conférences, ni des lectures, quelque intéressantes qu'elles soient.

L'expérience en a été faite, et nous avons vu ce petit travail, appris volontiers par les élèves, fournir aux maîtresses l'occasion de plusieurs leçons qui étaient d'autant mieux comprises et profitables qu'elles ne semblaient pas du tout directes.

Qu'on ne craigne pas *une leçon de plus* à apprendre : ce n'est jamais la mémoire qui fait défaut à la jeune fille, surtout quand le livre qu'elle a entre les mains lui parle d'elle ; d'ailleurs faudrait-il remplacer par ce *livre de morale* une page de *mythologie*, ou même, une fois la semaine, quelques chapitres d'*histoire ancienne*, ce ne serait pas du temps perdu.

La jeune fille, ou mieux nous tous, n'avons-nous pas besoin d'être bons plutôt que d'être savants ?

Ce travail a pour but de rendre bonnes, de meilleure heure, ces chères enfants dont le cœur n'a besoin que d'être excité pour bien faire. Il vient se prêter aux maîtresses comme un instrument qui n'a de valeur que manié par elles, et à l'aide duquel elles insinueront plus facilement la vertu.

Nons n'avons pas parlé *de la prière*, sans laquelle aucune réforme n'est possible, ni aucune vertu solide ; mais nous l'avons toujours supposée.

Ce n'est pas précisément un *livre de piété* que nous voulions faire, mais un livre qui continuât les inspirations de la piété et fût comme un auxiliaire matériel à la grâce du bon Dieu.

Un grand nombre d'autres questions auraient pu être traitées ; nous réservons pour un second volume, destiné à la première entrée dans le monde, des conseils et des développements qui actuellement auraient été déplacés.

Nous avons résumé beaucoup de livres; c'est peut-être ce qui fait tout le mérite du nôtre.

II. — PLAN GÉNÉRAL.

I

L'Ecriture sainte dit de la femme forte : *La grâce est répandue sur ses lèvres et la sagesse dans ses discours.*

Ces deux qualités nous fourniront le plan de ce travail.

La grâce embellit la jeune fille et lui donne un charme qui la fait aimer.

La sagesse ajoute une valeur à ce qui plaisait seulement, et à l'affection qu'on portait à l'enfant comme par instinct elle fait joindre l'estime, plus raisonnée et plus durable.

Sans doute l'affection vraie ne va jamais sans l'estime, mais l'estime peut exister sans l'affection, et nous ne voudrions pas qu'il en fût jamais ainsi pour ces chères âmes qui nous sont confiées.

Il y a donc pour la jeune fille des vertus qui *la font aimer*.

Il en est qui *la font estimer*.

Parmi les premières, nous indiquerons *la bonté, la douceur, la modestie, l'affabilité, l'amour de la vérité, l'obéissance, la reconnaissance, la politesse et la propreté*.

Parmi les secondes, nous parlerons seulement *de l'amour du travail, du respect, de la discrétion, de l'ordre et de l'économie*.

II

Oh ! si, pendant ces quelques années du pensionnat où il nous est donné de jeter dans ces jeunes âmes les fondements de la sainteté, nous pouvions leur donner ces vertus qui semblent n'avoir trait qu'à leur bonheur d'ici-bas, nous n'hésiterions plus, au moment de la séparation, à les laisser s'en aller dans le monde.

Non seulement elles le traverseraient, comme la colombe, sans se salir les ailes, mais comme elle aussi elles laisseraient sur leur passage le rameau de l'espérance qui fait songer au ciel.

Cette union parfaite de la grâce et de la sagesse, à laquelle tend ce petit livre, ne se trouve que dans quelques saints.

Quand ils parlent, ceux-là, la lumière semble sortir de leurs lèvres ; quand ils agissent, leurs actes ont toujours quelque chose de suave et de céleste.

La grâce attire près d'eux l'âme malade ou blessée ; la sagesse leur donne toujours une parole de consolation et d'espérance.

La sagesse ensevelit dans leur cœur la confidence d'un autre cœur attiré par la bienveillance, et cette vertu les empêche de sentir toute importunité dès qu'il y a du bien à faire.

C'est la sagesse unie à la grâce enfin qui donne au cœur froissé ou négligé la force de se montrer toujours bon, d'attendre sans impatience l'heure où il pourra encore être utile, et de dire à toute heure comme Jésus : « Venez à moi, vous qui souffrez et qui êtes dans la peine. »

Oh ! qu'une âme sainte est aimable ! Pourquoi, pieuses maîtresses, n'en formeriez-vous pas quelques unes ? Nous voudrions bien que le bon Dieu se servît de ce petit livre pour vous aider.

III

A côté des vertus il y a des défauts : l'épine ne croît-elle pas toujours avec la rose ?

Nous les indiquerons aussi pour les faire éviter et les déraciner du cœur, et nous étudierons chacun d'eux après la vertu à laquelle il semble être opposé.

Nous traiterons :

1° Comme contraires à l'amabilité de l'enfant, *de la méchanceté, de la malignité, de l'affectation, de la puérilité, du mensonge, de la désobéissance, de l'ingratitude, de l'impolitesse et du luxe.*

2° Comme contraires à la sagesse de l'enfant, *de l'oisiveté, de la moquerie, de l'indiscrétion et de la prodigalité.*

C'est par les mains de la très-sainte Vierge, qui, pendant sa vie sur la terre, nous a si bien montré réunies en elle la grâce et la sagesse, que nous offrons ce travail aux jeunes filles.

Elle est notre Mère à tous; oh! essayons, pour l'imiter et pour lui plaire, d'être tous aimables et vertueux.

LES PETITES VERTUS

ET

LES PETITS DÉFAUTS

DE LA JEUNE FILLE

AU PENSIONNAT ET DANS SA FAMILLE

***

PREMIÈRE PARTIE.

Vertus qui font aimer la jeune fille. Défauts opposés à ces vertus.

***

CHAPITRE PREMIER.

LA BONTÉ.

1. — Qu'est-ce que la bonté?

La bonté est la volonté constante de faire
lu bien et le soin de ne laisser échapper aucune occasion de le faire.

Elle est toute naturelle à la jeune fille, qui

naît bonne comme la fleur naît belle et attrayante.

La bonté est la vertu qui nous rapproche le plus de Dieu, celle que les hommes apprécient et estiment toujours, la seule où, ce semble, l'excès est permis.

Innée dans le cœur, elle se développe avec l'âge, à moins que le péché ne l'étouffe ou ne la change en mollesse ou en sensiblerie.

« Dieu, dit Bossuet, lorsqu'il forma le cœur et les entrailles de l'homme, y mit premièrement la bonté, comme le propre caractère de la nature divine. »

C'est surtout chez la jeune fille que se reconnaît ce don de Dieu.

2. — Combien distingue-t-on de sortes de bonté?

On distingue la *bonté d'esprit ou de caractère*, qui consiste non seulement à ne jamais dire un seul mot qui puisse déplaire ou contrarier, à ne pas se fâcher des malices ou des plaisanteries, mais encore à avoir toujours sur les lèvres le sourire qui épanouit le cœur de ceux qui approchent.

La *bonté de l'âme ou du cœur*, qui complète la bonté de caractère, et consiste à faire tout ce qui peut être agréable aux autres, à leur obéir quand on est inférieur, à les secourir dès qu'on le peut, à les consoler au moins, et à travailler à leur bonheur en les aimant.

3. — Résultats de la bonté.

1° La jeune fille qui est *bonne* est presque assurée d'être heureuse. Elle souffrira sans doute : les bons cœurs sont plus sensibles que les autres ; mais elle trouvera en elle-même le remède à bien des peines.

En semant la bonté, elle fait naître dans son cœur des souvenirs qui la dédommageront plus tard de beaucoup d'ingratitudes.

Dieu s'est réservé de rendre aux bons cœurs ce qu'ils ont donné d'affection et de soins.

Faire des actes de bonté, c'est jeter devant soi, sur le chemin de la vie que l'on doit parcourir, la semence de fleurs brillantes, suaves et parfumées qui embellissent et charment la route.

2° La jeune fille qui est *bonne* deviendra bientôt vertueuse; la bonté n'est point la vertu sans doute, mais elle y dispose.

Comme elle doit entrer en lutte avec le plus invincible de nos penchants, l'*égoïsme*, elle nous impose à chaque instant l'oubli de nous-mêmes et une foule de petits sacrifices qui détruisent peu à peu les défauts et accoutument à se vaincre.

La bonté, dit naïvement un auteur ancien, est le miel qui confit tous les défauts et fait disparaître l'aigreur du caractère.

On ne s'embarque jamais dans une bonne action, ajoute un proverbe, sans laisser quelque défaut sur la rive.

Aussi que d'étourderies on pardonne à un bon cœur! On sait bien qu'il se les reproche lui-même et qu'il travaille à toute heure à se rendre moins imparfait.

3° La jeune fille qui est *bonne* est partout bien accueillie. La contrainte qu'elle s'est faite pour soumettre sa volonté l'a rendue *complai-*

sante ; elle se prête volontiers aux autres. Peut-
être la surcharge-t-on quelquefois ; mais, heureuse de rendre service, elle se croit assez ré-
compensée par l'affection qu'on lui porte, et
elle se voit tant aimée qu'elle n'a pas la pensée de se plaindre.

Elle peut s'appliquer ces vers de Racine :

Quel plaisir de penser et de dire en soi-même :
Partout en ce moment on me bénit, on m'aime !.....
Je vois voler partout les cœurs à mon passage.

Et quand sa famille, quand les pauvres disent simplement : *Elle est bonne*, ils tradui-
sent dans leur langage cette autre parole que
prononcent les anges : *Elle est aimée du bon
Dieu.*

4. — Différents actes de bonté.

1° La bonté oublie les injustices.

La jeune fille bonne ne veut pas que le soleil se couche sans qu'une marque d'affection
ait dit à la compagne avec qui peut-être elle a
eu une légère discussion : Aimons-nous.

Son sommeil serait inquiet, si elle n'avait
pas demandé pardon à sa maîtresse ou à sa

mère qu'elle a blessée par un peu d'étourderie.

Elle sait dire avec un poète :

J'ai juré de fermer mon cœur à toute haine,
D'aimer, d'aimer toujours, sans chercher désormais
Quel mal on pourrait faire à qui n'en fait jamais.

2º La bonté nous porte à donner au pauvre,
avec une larme de pitié, le pain qu'il demande
et le vêtement qui lui manque.

Elle nous apprend à nous priver de quelques petites fantaisies pour secourir les autres, à partager avec nos compagnes ce que
nous avons reçu pour nous, et à accepter avec
reconnaissance et simplicité ce qu'une main
amie nous présente.

Donner, c'est être bon ; recevoir, c'est apprendre à l'être.

3º La bonté nous fait voir sans envie celles
de nos compagnes que leur mérite, leur for-
tune ou même le hasard ont placées au-dessus de nous ; elle nous porte à nous réjouir
du bien qui leur arrive.

La jalousie peut bien effleurer le cœur de
la jeune fille bonne, comme ces souffles mau-

vais qui passent sur les fleurs; mais la fleur agitée ne répand que plus de parfums, et, à la vue d'une compagne plus aimée qu'elle, l'enfant qui a bon cœur dira : *Elle le mérite si bien !*

4° La bonté va jusqu'à nous donner la force de souffrir pour être utiles aux autres.

Oh ! comme elles sont douces les larmes qui s'échappent des yeux, quand elles épargnent une douleur à ceux que nous aimons!

Etre punie pour une compagne coupable, et ne rien dire, de peur de la faire connaître, c'est la première pensée d'un bon cœur.

5. — Comment devient-on bon?

C'est *en faisant le bien* qu'on devient *bon* et qu'on développe l'instinct de son cœur.

Les occasions se présentent à chaque instant du jour, et n'en laisser échapper aucune, c'est accroître son bonheur à chaque instant.

Le désir d'obliger qui va au-devant de tous les désirs, la douceur qui procure la paix, une bonne parole, un visage riant, une obéissance plus prompte, un devoir fait avec plus de soin pour faire plaisir, tout cela est de la bonté.

Etre bon, c'est mettre son esprit, son cœur et ses forces au service de tout le monde.

Ne peut-on pas le faire tous les jours ?

CHAPITRE DEUXIÈME.

LA MÉCHANCETÉ.

6. — Qu'est-ce que la méchanceté ?

La méchanceté est la volonté de faire le mal, passée en habitude et mise en pratique.

Faire le mal! on rougit d'avouer que ce désir, si justement appelé *infernal*, se forme et grandit dans le cœur de l'enfant, puis gâte, comme un ulcère hideux, tout ce qu'il y a de pur et de délicat dans la jeune fille.

La bonté leur va si bien à l'un et à l'autre, elle leur est si naturelle!

L'enfant, n'est-ce pas un ange que Dieu a prêté à la terre pour lui rappeler le ciel?

La jeune fille n'est-elle pas comme une urne de parfum qui purifie et embaume autour d'elle, comme un anneau d'or qui lie les âmes ? N'est-elle pas la voix qui console, la main qui donne, le bras qui soutient?

Voilà ce que dit le cœur. L'expérience, hélas! vient quelquefois montrer dans ces âmes naturellement bonnes *un instinct de méchanceté* qui fait dire : Le démon a passé là.

Ne voit-on pas le vent d'orage semer au milieu d'une corbeille de fleurs suaves des plantes empoisonnées?

Etudions rapidement la méchanceté dans l'enfant, et puis dans la jeune fille.

7. — Comment se manifeste la méchanceté?

1° On voit des enfants empressées à compromettre et à dénoncer leurs compagnes et leurs sœurs.

L'une d'elles est-elle punie? souffre-t-elle une de ces petites douleurs qui font pleurer? la méchante de sourire et de répéter ce mot vulgaire, mais haineux : Tant mieux!

2° Quelquefois elle frappe malicieusement une enfant plus faible et plus timide, la

pousse avec violence, ou par des défis astu-
cieux l'entraîne à des actions qui la rendent
ou ridicule ou punissable.

3° Elle harcèle par de mauvais procédés,
des noms injurieux et une propagande perfide
les personnes chargées de veiller sur elle, et
qui lui consacrent leur jeunesse, leurs talents,
leur vie entière.

4° D'autres fois l'enfant méchante goûte un
malin plaisir à tourmenter des animaux inof-
fensifs, et à rire de l'impossibilité où elle les
met de fuir ou même de remuer.

Pourquoi tuer un insecte, par exemple,
quand il n'est pas nuisible, et qu'il suffit de
l'écarter pour être délivré de son importunité?

« Va, pauvre petit animal; le monde est
bien assez grand pour nous deux, » disait une
aimable enfant en poussant une mouche ennuyeuse vers la fenêtre ouverte.

C'est bien simple, mais n'est-il pas vrai
que c'est touchant? Une enfant qui agit ainsi,
sans être vue, ne sera jamais méchante.

5° La méchanceté se manifeste encore par
l'amour de la destruction, qui semble inné chez
quelques enfants : bouleverser, casser, salir,

dégrader, est un bonheur, quelquefois, ce semble, un besoin pour eux. Partout où ils passent, il est rare qu'ils ne laissent pas quelque dégât.

Mais, disons-le vite, tous ces actes répréhensibles et mauvais peuvent heureusement ne pas supposer encore la méchanceté proprement dite, c'est-à-dire *passée en habitude.*

Cette même enfant qui torturera un animal, qui poursuivra sa compagne de mots injurieux, donnera son pain à un pauvre affamé, et se dépouillera pour couvrir les membres grelottants de celui qui l'implore; seulement ces actes répétés, s'ils ne sont rigoureusement punis, conduisent peu à peu *à l'insensibilité* d'abord, puis *à la dureté de cœur;* et une fois le cœur endurci, oh! qu'il y a peu de différence entre l'instinct de l'animal qui se nourrit de sang et l'instinct d'un enfant sans cœur qui, devenu égoïste, ne cherche qu'à se contenter!

L'enfant montre ouvertement cette propension à la méchanceté; la jeune fille en comprend la honte et agit avec plus de précaution.

Mais chez elle ce n'est plus seulement un *instinct :* elle l'a laissé grandir, elle a résisté aux inspirations de sa conscience et aux reproches de ses maîtresses; cet instinct est devenu une seconde nature.

La méchanceté chez elle se manifeste au-dedans par la *jalousie*, elle se répand au-dehors par la *médisance*.

La jalousie lui fait haïr toutes les personnes qui brillent par leur mérite, leur éclat extérieur ou leurs richesses.

La médisance l'aide à souiller et à flétrir tous ceux qu'elle jalouse.

8. — Suites de la méchanceté.

Nous ne voulons pas décrire les effets de cette maladie du cœur qui *ronge jusqu'à la moelle*, dit l'Esprit saint; elle est trop honteuse.

Nous observerons seulement que la jeune fille méchante se prive de la plus douce jouissance qu'elle puisse trouver : aimer et être aimée.

On la craint, on la hait, on la fuit, et, dans cet isolement où peu à peu elle se voit réduite, il lui semble que tout lui crie : Tu souffriras ce que tu fais souffrir !

L'instinct mauvais peut se faire sentir à tout le monde, mais il ne s'établit ordinairement que chez les personnes d'une capacité médiocre. « Rien n'est si méchant qu'un sot, » a dit un moraliste.

La méchanceté est une plante épineuse qui non seulement étouffe les bonnes plantes, mais montre au-dehors ses fruits empoisonnés.

Une âme méchante reflète sa laideur même sur la figure.

9. — Moyens de se corriger.

On a mis en question si la méchanceté pouvait se guérir.

Sans une grâce de Dieu toute spéciale, elle est à peu près incurable quand est venu l'âge mûr.

Le seul moyen efficace dans la jeunesse,

c'est la confiance aux maîtresses, à qui on
montre les plaies de son âme, et la soumission à leurs ordres.

Dieu ne nous a pas donné une mère et des
maîtresses pour la vie du corps seulement et
la vie de l'intelligence; elles ont mission de
former le caractère et de purifier le cœur.

Or, pour guérir la méchanceté, vice du caractère et du cœur, la bonté ne suffit pas : il
faut des *punitions*.

Mot effrayant sans doute; mais puisqu'il
faut arracher des épines, peut-on le faire sans
déchirer un peu le cœur?

Ayez le courage de les accepter sans murmure et de les accomplir avec générosité.

Une enfant qui pendant quelques mois accepte et accomplit ponctuellement ses punitions est assurée d'être bientôt *parfaite*. Le
mot n'est pas de trop : essayez.

Dieu a attaché à la punition bien remplie
une vertu qui sanctifie avec une rapidité
étonnante.

Il me souvient d'une femme de bon sens
qui avait appris à ses enfants, dès l'âge le
plus tendre, que la méchanceté, la mauvaise

humeur étaient des maladies qu'il fallait guérir par un remède; aussi avait-elle toujours
prêtes de petites doses d'une poudre amère,
et les petits malades, dès qu'ils avaient un
caprice, en recevaient une au lieu de souper.

Qu'elle avait raison, cette mère! Un défaut
n'est-il pas une vraie maladie?

CHAPITRE TROISIÈME.

LA DOUCEUR.

10. — Qu'est-co que la douceur? Quels sont ses effets?

La douceur est une facilité de caractère par laquelle on défère toujours avec complaisance, mais sans bassesse, aux volontés des autres.

C'est la douceur qui fait le bonheur de la vie de famille; elle ferait celui du monde entier, si tous pouvaient la posséder.

D'où viennent la plupart des misères qu'on dit inhérentes à l'humanité? C'est que tout le monde veut avoir raison; c'est que personne ne veut céder, même à celui qu'il appelle son ami.

Oh! si chacun, oubliant un peu *ses droits*, voyait un peu plus *ses devoirs*, comme la vie serait bonne! « Heureux ceux qui sont doux! » disait Jésus-Christ.

La jeune fille douce est toujours aimée.

Il y a sur ses traits et dans son regard quelque chose de calme, de posé, qui exprime la bonté et attache dès le premier abord.

« Une physionomie douce, dit un moraliste, peut être laide impunément, car la bonté de l'âme y éclate par une sorte de transparence mystérieuse. »

11. — Comment la douceur nous procure-t-elle le bonheur?

Un des plus puissants moyens d'être heureux, c'est d'être utile aux autres en se dévouant.

La bonté porte le cœur au dévouement; la douceur, qui est appelée *l'enseigne de la bonté*, attire autour de nous ceux qui n'oseraient pas nous exposer leurs besoins.

1° Elle nous rend *prévenants*, attentifs

pour tous, et nous fait trouver mille occasions de rendre service sans humilier.

2º Elle n'est jamais contrariante, juge des choses sans aigreur, supporte patiemment les reproches, ou, s'ils sont injustes, se justifie sans colère et sans amertume.

3º Elle prend avec ses inférieurs un ton affectueux qui gagne les cœurs, et sait s'accommoder aux faiblesses de tous.

Vous sentez-vous la force d'agir ainsi? Allez dans le monde sans inquiétude, vous y trouverez l'affection; allez-y sans crainte, vous y trouverez le respect.

« Les cœurs doux, dit le saint Evangile, posséderont la terre. »

Ne peut-on pas établir presque en règle générale que si *l'on ne nous aime pas, c'est que nous ne savons pas nous faire aimer?*

Le premier moyen pour se faire aimer, c'est d'être doux.

12. — Circonstances où doit se montrer
la douceur.

1º La douceur doit surtout se montrer auprès des personnes avec qui nous vivons habituellement. Rien de plus facile qu'une douceur de quelques heures avec des étrangers qui nous flattent ; mais c'est *chez soi*, c'est actuellement *dans vos classes, pendant vos récréations*, plus tard *dans la famille*, qu'il faut l'apporter.

Au-dehors, elle peut nous donner un peu d'amour-propre, ce qui en vérité est un petit bien ; *dans la famille*, elle nous donne le bonheur, et, ce qui vaut mieux, elle le donne aux autres.

Les anciens parlent d'une femme dont les lèvres répandaient des perles à chaque parole qu'elle disait dans sa maison, et qui perdait ce privilége dès qu'elle en sortait. N'est-ce pas une leçon sous une image riante ?

Vous pouvez avoir souvent l'occasion de *vous plaindre*, vous aurez toujours tort de *gronder*. La douceur reprend, elle ne gronde pas.

N'oubliez pas que pour vous, jeunes filles, le plus sûr moyen d'avoir toujours raison, c'est d'être toujours douces.

2° La douceur doit se montrer lorsqu'on est obligé de *contredire ;* ce qui ne doit jamais avoir lieu avec les supérieurs, et rarement avec ses amis.

Dans ce dernier cas, finissez vite toute discussion par une plaisanterie gracieuse qui montre que vous n'êtes pas fâchée, et ne visez pas à avoir le dessus.

Pourquoi, après tout, imposer aux autres un sentiment qui peut être *bon*, mais qui n'est pas *le seul bon*?

Êtes-vous donc sûre de ne jamais vous tromper?

Vous avez pu remarquer que, même entre les meilleures amies, lorsqu'une fois la discussion s'échauffe, quelque insignifiant qu'en soit l'objet, les cœurs se refroidissent, au moins pour un moment : or, le froid du cœur fait toujours mal.

Evitons les disputes : ne vaut-il pas mieux conserver une amie que croire avoir raison?

3° Montrez de la douceur lorsque vous êtes obligée de faire un refus ; oh! que l'art de refuser est difficile et important!

Refuser! mais c'est ôter à quelqu'un l'espérance qui le rendait heureux ; c'est arracher brusquement une illusion qu'on aimait; c'est fâcher, en un mot. Or, comment fâcher quelqu'un sans le rendre presque notre ennemi?

Ce mot vulgaire : *Il faut dorer la pilule,* est plein de sens ; mais c'est un mot qu'on n'apprend guère. Le caractère doux trouve en lui-même des ressources que son bon naturel peut seul lui inspirer.

4° Soyez douce quand vous devez faire un reproche. Tout reproche porte atteinte à l'amour-propre, blesse par conséquent. Je ne connais qu'un moyen de le faire accepter ; il vous sera facile plus tard à vous, comme il l'est maintenant à vos maîtresses. Le voici : *Aimez doublement, et glissez votre reproche entre deux mots affectueux.*

« Rien de plus amer que l'écorce de la noix quand elle est verte, dit l'aimable saint François de Sales, et néanmoins rien de plus doux quand elle est confite ; ainsi de la réprimande, qui de sa nature est si âpre : cuite au feu de la charité et assaisonnée de douceur, elle devient aimable, délicieuse et très-utile. »

13. — Peut-on acquérir la douceur?

On peut toujours acquérir la douceur, mais seules les personnes d'un carractère énergique y parviennent. Or, l'énergie de caractère est une qualité bien rare.

Tout le monde a ouï dire que saint François de Sales était né avec un caractère violent et emporté ; mais ce qu'on sait moins, c'est que la réforme de ce caractère lui a coûté vingt-deux ans de vigilance, de combats, de victoires.

« C'est, dit-il, à force de prendre ma colère au collet, de la gourmander, de la fouler aux pieds, que, depuis que je suis berger, je n'ai pas dit parole passionnée à mes brebis. »

Et saint Vincent de Paul ! ne pensez pas qu'il fût né bienveillant et doux ; non, il le devint. « Nature sombre, dit son historien Maynard, mélancolique et sévère, il fut, à force de lutter, le plus attrayant des hommes,

et cette douceur, fruit de l'abnégation per-
sonnelle, l'accompagna toujours dans les sacrifices que la Providence demanda en si grand
nombre à son cœur. »

Une jeune fille écrivait, il y a quelques années : « On m'a donné de l'instruction, des
talents, mais on ne m'a pas enseigné à me
dominer ; je suis restée l'esclave de mes caprices, et l'on m'avait appris à m'excuser en
disant devant moi : *Elle est née comme cela.*
Quelle folie ! Si j'étais née avec une infirmité
corporelle, on eût essayé de tous les remèdes
pour me guérir. »

Les défauts de caractère, qui sont les infir-
mités de l'âme, ne méritent-ils pas cent fois
plus de soin, puisque nos vertus nous donnent le bonheur du ciel et celui de la terre ?
Vous n'avez pas les mêmes plaintes à faire ;
on travaille avec dévouement à vous donner
un caractère doux et facile, aidez les efforts
de vos maîtresses.

Efforcez-vous de vaincre vos emportements
et vos caprices, et méritez qu'on dise, à propos
de votre douceur, ce que saint Vincent de Paul
disait en pensant à saint François de Sales :

« O mon Dieu, si Monseigneur de Genève est si bon, qu'il faut donc que vous le soyez vous-même ! »

14. — Caractères de la douceur.

La douceur est polie, car elle sait écouter sans ennui, ou du moins sans ennui trop apparent, les récits fatigants par leur peu d'importance ou par leur longueur ; elle n'interrompt jamais dans la conversation, et réprime un sourire qui pourrait blesser.

Elle est patiente et bonne, supporte les prétentions de la sottise, les caprices d'un malade, les redites et les lenteurs de la vieillesse, les importunes questions de l'enfance.

Elle est modeste, soutient son opinion sans aigreur, et n'irrite jamais une opinion contraire à la sienne.

Elle unit enfin les avantages de la prudence au mérite de la bonté.

Qui pourrait ne pas aimer une enfant dont ces lignes retracent le caractère ?

CHAPITRE QUATRIÈME

LA MALIGNITÉ.

15. — Qu'est-ce que la malignité?

La malignité est un instinct mauvais qui nous pousse à chercher et à montrer chez les autres les défauts qui les affligent, dans le seul but de nous amuser ou de briller nous-mêmes.

Un spirituel moraliste l'appelle *la méchanceté en miniature.* S'il y a une différence dans l'intention, il n'y en a pas dans l'action, et pour être quelquefois spirituelle et légère, cette méchanceté n'en est pas moins coupable.

L'enfant maligne ne veut pas nuire sans doute, elle veut piquer cependant. Si elle voyait couler le sang, elle s'arrêterait; mais elle compte pour rien les blessures faites en dedans

Elle aime à mettre sur la sellette tous ceux qui l'entourent, et ce n'est pas impunément qu'on tombe sous son regard.

L'enfant maligne est de la nature du hérisson, on ne peut la toucher sans qu'elle pique.

Si la compagne qu'elle taquine pleure quelquefois, elle se taira parce qu'elle a encore du cœur, l'embrassera même, et croira avoir tout réparé quand elle aura dit ce mot qui pour elle excuse tout : « C'était pour rire. »

16. — Effets de la malignité.

Le plaisir de faire des malices a quelque chose de si flatteur, qu'il fait manquer à toutes les convenances.

La malignité rend *impertinent et grossier*.

« Voyez donc comme les gens sont menteurs, disait malicieusement une méchante étourdie à une de ses compagnes qui rentrait au pensionnat après un mois de maladie : on m'avait dit que vous aviez perdu la tête. »

La spirituelle malade répondit : « Vous voyez bien qu'il ne faut pas les croire : on m'avait dit que vous aviez trouvé la vôtre. »

La malignité *détruit l'amitié*, cette aimable vertu du pensionnat dont nous regrettons de n'avoir pas à parler, qui embaume si bien le reste de la vie, et a besoin pour fleurir de tant de soins et de prévenances.

Dans une classe, une simple combinaison avait placé l'une près de l'autre trois jeunes filles qui portaient chacune un nom de fleur : *Marguerite, Rose, Hyacinthe.*

« Comme madame est bonne jardinière ! dit une élève ; voyez la jolie plate-bande. »

On sourit peut-être ; mais chacune de celles qui entendirent cette si peu spirituelle malice disait au fond du cœur : Je ne voudrais pas cette méchante pour amie.

Oh ! n'oublions pas que l'esprit *revient trop cher* dès qu'il coûte quelque chose à la bonté.

Les exemples de la malignité abondent, et si je ne craignais pas d'en donner un moi-même, je dirais : *surtout chez les jeunes filles* (1).

(1) L'auteur assistait à un examen et faisait réciter lui-même *les Petites Vertus*. L'espiègle qui était interrogée sur ce chapitre, parvenue à ces dernières lignes, s'arrêta un instant, le regardant avec un petit sourire qui

On me pardonnera si j'ajoute que la malignité suppose de l'esprit.

C'est une femme qui a dit : « Nous pardonnons volontiers à ceux qui nous prêtent des vices ; nous sommes inexorables pour ceux qui nous refusent de l'esprit. »

N'est-ce pas encore de la malignité ?

Finissons par cette pensée d'une autre femme, qui sera votre pensée à vous toutes :

« Je n'ai pas assez d'esprit pour être malicieuse, et j'ai le cœur trop bon pour être méchante. »

semblait pourtant demander pardon, et les modifia ainsi :

« Les exemples de malignité abondent, et si je ne craignais pas d'en donner un moi-même, je dirais : surtout chez l'auteur des *Petites Vertus*. »

C'est un trait à ajouter à ceux de ce chapitre ; il ne les dépare pas et confirme ce que nous disons.

Ici cependant, la malignité n'était qu'aimable.

CHAPITRE CINQUIÈME.

LA MODESTIE.

17. — Qu'est-ce que la modestie?

La douceur et la modestie sont deux sœurs qui vont rarement l'une sans l'autre, et se servent mutuellement d'ornement et d'appui.

La modestie est un sentiment de l'âme qui, nous éclairant sur nos défauts, nous empêche de nous enorgueillir de nos vertus, et répand sur tout l'extérieur une certaine timidité gracieuse qui n'exclut ni l'aisance ni l'à-propos.

La modestie connaît les vertus qu'elle possède, mais ne les étale pas sans motifs ; elle accepte simplement les éloges qu'elle mérite, mais ne les provoque jamais.

**18. — Avantages de la modestie par rapport
à la jeune fille elle-même.**

La modestie, considérée *par rapport à la
jeune fille elle-même*, est son plus bel ornement.

C'est son ange gardien rendu sensible et
l'entourant comme d'une auréole lumineuse
et douce. C'est l'éclat de cet ange qui fait baisser le regard des profanes, revêt la jeune fille
d'un reflet qui rappelle le ciel et attire l'affection.

La modestie est dans le regard, dans le
maintien, dans la toilette, dans la parole ; elle
se voit partout sans cependant qu'on puisse
dire : C'est telle ou telle manière qui rend
modeste.

Dans la même manière de porter la même
parure, on distingue l'enfant modeste et celle
qui ne l'est pas.

La modestie n'est pas au-dehors, elle est
dans le cœur, où elle réside avec l'innocence,
sa compagne inséparable, et de là elle fait
rayonner la grâce comme le soleil fait rayonner la lumière.

La jeune fille ne sait pas qu'elle est modeste; elle ne peut pas être autrement. Seulement, dès qu'elle n'est plus innocente, elle sent qu'il lui manque quelque chose.

C'est peut-être son ange gardien qui a replié ses ailes et ne la protége plus... Pauvre jeune fille!

Autrefois elle soignait à peine sa parure, et tout ce qu'elle mettait lui allait bien ; maintenant elle rêve à sa toilette, et, toujours mécontente, elle cherche toujours de nouveaux atours.

Comprend-elle que ce qui faisait sa beauté a disparu ?

19. — Avantages de la modestie par rapport aux autres.

1° La modestie rehausse l'éclat des vertus qu'elle accompagne, comme dans un tableau les ombres relèvent les figures, et, tout en diminuant la vivacité des couleurs, leur donnent une teinte plus douce et plus belle.

2° La modestie ôte à la critique tout moyen de nuire.

La critique est superficielle, et ne s'attache qu'à ce qui se montre. Si vous vous cachez, elle ne saura pas vous trouver.

Les talents attirent la jalousie ; l'esprit, les grâces extérieures font naître l'envie ; la modestie dissipe l'une et l'autre.

Pourquoi serait-on jaloux d'un avantage auquel vous attachez vous-même peu d'importance ?

3° Enfin la modestie nous fait aimer, parce qu'elle ne heurte aucune prétention et permet à la vanité de chacun de s'étaler au grand jour.

Ne froissez jamais l'orgueil, on ne vous haïra jamais, disait un ancien.

Loin de contester le bien chez les autres, la modestie va jusqu'à le supposer, et prend pour règle cette maxime qu'elle sanctifie par l'intention : *Louez tout le monde, mais sans trop en faire parade.*

La modestie reçoit les conseils avec bienveillance, et flatte ainsi les autres, qui sont heureux d'en savoir plus qu'elle.

Elle ne s'irrite pas des impolitesses ni de l'oubli, et laisse à tous la première place et l'occasion de briller.

La modestie produit la douceur, mais non pas la *faiblesse*. Elle sait toujours se faire respecter et, tout en laissant la paix dans l'âme et le sourire sur les lèvres, donner à notre démarche et à notre extérieur cette assurance forte d'une enfant qui se sent protégée et cette calme fierté qui fait taire les paroles imprudentes.

« Mademoiselle, disait un jour une dame assez peu retenue, et qui, de la part de la jeune fille à qui elle parlait avec légèreté, venait de recevoir une leçon, mademoiselle, vous êtes bien orgueilleuse. — Vous vous trompez, madame, répondit la jeune fille ; je ne suis que fière. »

La fierté, en effet, n'est pas l'orgueil.

L'orgueil attaque, la fierté se défend, et la modestie n'exclut pas le courage de se défendre ; elle l'augmente au contraire, parce qu'elle fait sentir que la conduite est irréprochable.

Or, rien n'est fort comme une bonne conduite.

20. — La modestie, vertu chrétienne.

D'après tous ces avantages, on pourrait, ce semble, appeler la modestie *le moyen de plaire.*

Plaire, en effet, consiste à montrer son cœur et à cacher son esprit. N'est-ce pas là toute la modestie ?

Mais son but serait bien futile s'il se bornait à plaire, encore n'y parviendrait-elle que pour peu de temps : la modestie affectée exige une contrainte qui lasse bien vite.

La base de la modestie chrétienne, la seule qui procure les avantages dont nous avons parlé, est de *se faire oublier.*

Or, se faire oublier est au-dessus des forces humaines ; il faut l'aide de la grâce.

CHAPITRE SIXIÈME.

L'AFFECTATION.

21. — Qu'est-ce que l'affectation?

L'affectation est l'envie de se tirer du niveau des autres, en faisant parade de connaissances supérieures, d'un esprit plus subtil ou de sentiments plus délicats.

Certes, l'étendue des connaissances, la finesse de l'esprit et la délicatesse du cœur ne seront jamais blâmées dans une jeune fille; elles forment sa parure la plus précieuse, lui servent d'appui dans le monde, et deviennent pour elle une ressource toujours sûre.

Ce qui est blâmable, c'est l'étalage déplacé de ces qualités.

Nous aimons à voir ce qui est beau et bon, nous aimons peu qu'on nous le montre.

22. — Affectation de science.

L'affectation de science n'est pas peut-être
très-commune maintenant ; aussi nous con-
tenterons-nous de citer ces vers de Molière,
qui renferment la leçon la plus piquante :

. . . . C'est à vous que je parle, ma sœur.
Le moindre solécisme en parlant vous irrite,
Et vous en faites, vous, d'étranges en conduite.
Vos grands livres là-haut ne me contentent pas,...
Vous devriez brûler tout ce meuble inutile,
Et laisser la science aux docteurs de la ville ;...
Ne point aller chercher ce qu'on fait dans la lune,
Et vous mêler un peu de ce qu'on fait chez vous,
Où nous voyons aller tout *sens dessus dessous*...
... Il n'est pas bon, et pour beaucoup de causes,
Qu'une femme étudie et sache tant de choses...
Faire aller son ménage, avoir l'œil sur ses gens,
Puis régler sa dépense avec économie,
Doit être son étude et sa philosophie.
Nos pères, sur ce point, étaient bien plus sensés,
Qui disaient qu'une femme en sait toujours assez
Quand la capacité de son esprit se hausse
A connaître un pourpoint d'avec un haut-de-chausse.
Les leurs ne lisaient point, mais elles vivaient bien ;
Leurs ménages étaient tout leur docte entretien,
Et leurs livres, un dé, du fil et des aiguilles
Dont elles travaillaient au trousseau de leurs filles.

Les femmes d'à présent veulent tout concevoir,
Et l'on sait tout chez moi, hors ce qu'il faut savoir...
On y sait comme vont lune, étoile polaire,
Vénus, Saturne, Mars, dont je n'ai rien à faire;
Et pour ce vain savoir qu'on va chercher au loin,
On laisse au coin du feu le pot dont j'ai besoin.

. . . .

Dans ces vers, comme dans toute satire, il y a de l'exagération.

Il y en avait aussi dans cette réponse d'un académicien à une jeune fille romanesque qui rêvait la célébrité et était venue lui demander par quel moyen elle pourrait se rendre illustre. *En filant votre quenouille*, lui répondit-il. C'était un peu grossier, mais n'était-ce pas mérité?

La science dans une femme ne devient pédanterie qu'autant qu'elle fait négliger les soins matériels de la famille, pour lesquels Dieu l'a créée.

La science, qui est un besoin pour l'homme, n'est qu'un ornement pour elle; or, un ornement est toujours ridicule sur une toilette négligée.

Une femme, a-t-on dit, doit être comme une montre à répétition, ne donner les heures que quand on les lui demande.

Mieux vaudrait la comparer à un arbuste qui ne laisse pas tomber ses fleurs, mais les offre toujours fraîches à la main qui veut les cueillir.

23. — Affectation d'esprit.

L'affectation d'esprit ou la prétention à l'esprit est plus commune, parce qu'elle est d'abord plus facile, et puis parce qu'il y a chez les jeunes filles une pénétration plus rapide et cette *fine pointe* du regard de l'esprit, aiguisée sans cesse par un peu de malignité, qui leur montre le moindre ridicule.

L'affectation de science n'est inspirée que par l'orgueil ; celle-ci joint toujours la malignité à l'amour-propre.

La jeune fille prétentieuse cherche toutes les occasions qui peuvent la faire briller. Dans un salon, c'est elle seule qu'on entend ; sa voix couvre celle des autres.

Satirique et mordante, elle déchire tout en riant ; hardie et peu à peu devenue même effrontée, rien ne l'intimide, et pour un applaudissement elle vendrait sa réputation.

Elle fait taire les gens timides, impose aux plus hardis, et c'est d'elle qu'on a dit avec vérité : « La première phrase qu'elle prononce est consacrée à la vanité, la seconde à la malice. »

24. — Affectation dans le caractère et les habitudes.

L'affectation dans les habitudes et le caractère a quelque chose de moins coupable : elle n'est habituellement que ridicule.

1° Vous connaissez Fanny : ses membres sont lourds, sa démarche est lente, et, malgré cela, elle s'est imaginé qu'il fallait, pour être aimable, avoir un air gracieux et léger.

Aussi voyez-la marcher en se balançant ; elle essaye de se grandir en se portant sur la pointe du pied, et elle sautille.

Si elle passe devant un miroir, elle va lentement pour admirer sa souplesse et se faire à elle-même le plus gracieux de ses saluts. Hélas ! elle ne fait que des contorsions.

Elle respire à peine sous le corset inhumain

qui l'oppresse; que lui importe, pourvu que
sa taille soit plus mince?

Regardez : elle va sourire, elle essaye, elle
recommence. Pauvre Fanny, comme tu gri-
maces !

2° Elodie a vu le portrait de quelques jeunes filles frêles, délicates et maladives qu'on
a admirées et sottement comparées aux pâles
fleurs de l'automne, comme si de telles com-
paraisons ne devaient pas être flétries depuis
qu'on les fait; et, sans songer que Dieu a
donné à chacun un agrément spécial, Elodie
s'est imaginé qu'elle ne serait aimable qu'en
paraissant rêveuse.

Elle a pourtant le caractère gai, mais elle
saura bien maîtriser la nature; elle mange
peu pour être pâle, soupire à tout propos,
parle à voix basse, cherche la solitude, et se
croit heureuse quand une larme vient se pro-
mener sur son œil languissant.

Voulez-vous lui plaire? dites-lui qu'elle est
malade.

Elle produit l'effet d'une statue de marbre
ennuyée d'être sur une tombe et venant jeter
sa pâle figure au milieu de la vie.

25. — Remèdes à l'affectation.

Une galerie **des** travers dans lesquels l'affectation jette la jeune fille ne manquerait point de cet intérêt malin que fait naître tout ce qui prête à la moquerie; peut-être ne serait-elle pas d'une utilité assez pratique.

Résumons les enseignements qui résultent de ces lignes :

1º *Pour la science.* Vous en saurez toujours assez quand vous aimerez bien le bon Dieu, et que, docile aux leçons de vos maîtresses, vous aurez conservé leurs paroles et leurs enseignements comme on conserve un souvenir de la personne aimée qu'on ne verra plus.

Ces enseignements, recueillis dans votre cœur et mûris par le soleil de l'amour de Dieu, y germeront peu à peu, et viendront sur vos lèvres s'épanouir en réponses sages et judicieuses.

2º *Pour l'esprit.* Ne lui sacrifiez jamais le cœur; vous en aurez toujours assez si vous avez bon cœur.

Voulez-vous plaire? commencez par être

bonne. La grâce naît de la bonté, comme la lumière naît du soleil.

N'oubliez pas que, pour vous surtout, *la destinée se fait plus par le caractère que par le talent.*

3° *Pour l'extérieur.* Soyez ce que vous êtes :

Chacun pris dans son air est agréable en soi ;
Ce n'est que *l'air d'autrui* qui peut déplaire en moi.

Seulement, comme il y a en chacun de nous une manière de se tenir ou de se vêtir plus agréable qu'une autre, cherchons-la ; mais si l'art vient nous aider, cachons-le avec soin. Rendons belle la nature, ne l'effaçons pas.

C'est *le bon goût*, jamais la *vanité* qui doit présider à la toilette.

CHAPITRE SEPTIÈME.

L'AFFABILITÉ.

26. — Qu'est-ce que l'affabilité?

L'affabilité est moins une qualité distincte que la manifestation de la bonté, de la modestie et de la douceur réunies.

C'est l'attention à faire plaisir à ceux qui nous sont inférieurs.

Or, deux choses font toujours plaisir :

Le sourire sur les lèvres, qui indique la joie de recevoir ou d'entendre quelqu'un ;

Les paroles polies, qui encouragent à approcher de nous.

On se plaint que les domestiques n'aiment plus leurs maîtres comme autrefois, qu'on ne voit plus une famille de serviteurs se succéder dans une maison et se dévouer aux enfants qu'ils ont vus naître ; la faute n'est-elle pas en partie à ceux qui les commandent ?

Soyez affable pour eux, ils seront respectueux et aimants.

Pourquoi voudriez-vous qu'ils fussent sans défauts ? ne serait-ce pas à vous à l'être plutôt qu'à eux, vous qui avez reçu plus d'éducation ?

En général, ce sont les enfants qui attachent les domestiques à la famille.

On se plaint que les amis disparaissent ; ne les repousse-t-on pas par un air maussade, une parole aigre et ennuyée ?

L'amitié est longtemps délicate avant d'être profonde.

Soyez affable, vous ne manquerez pas d'amis.

27. — Effets de l'affabilité.

L'affabilité épanouit le cœur comme les lèvres ; elle ne dédaigne pas de parler à tout le monde, et mérite de la part du peuple cet éloge qui, dans sa simplicité, renferme beaucoup de choses : *Cette jeune fille n'est pas fière.*

Elle inspire la confiance : la fleur attire l'abeille, le grain appelle l'oiseau ; le sourire bienveillant de l'affabilité attire le petit, le pauvre, l'affligé, tous ceux qu'aimait Jésus.

Les douces paroles ouvrent le cœur des autres, qui s'épanche comme à leur insu : heureuse la jeune fille qui de bonne heure, devenue la dépositaire des peines et des ennuis, passe sa vie à consoler et à encourager !

Donner aux autres le bonheur, c'est ôter à sa vie bien des jours amers.

28. — L'amabilité.

L'affabilité n'est pas *l'amabilité*, quoiqu'elle lui ressemble au-dehors.

L'amabilité peut n'être que passagère ; l'affabilité est permanente.

La première tient à une certaine grâce de visage ou à une politesse exquise qui frappe d'abord, mais à laquelle on s'accoutume parce qu'elle est toujours la même ; la seconde est dans le caractère : la jeune fille affable est toujours souriante ; même quand elle est seule, on ne la surprend jamais de mauvaise humeur.

L'amabilité peut n'être que l'effet de l'amour-propre ; l'affabilité naît de la vertu, elle est immortelle comme elle.

La beauté perd ses charmes, l'esprit son activité ; l'affabilité garde toujours sa première fraîcheur.

Nous avons dit que la bonté conduit à la sainteté ; la sainteté produit l'affabilité.

Une âme innocente a toujours le visage rayonnant.

29. — La familiarité.

L'affabilité conduit facilement à la trop grande familiarité. Or, être trop familier, c'est pour le supérieur dépouiller sa dignité, ce qui est manque de prudence ; pour l'inférieur, c'est oublier sa position et traiter en égal celui qu'il doit respecter, ce qui est manque de tact.

Le mépris vient vite quand on se connaît trop, et l'amitié demande toujours un peu d'illusion.

La familiarité, qui rapproche seulement les cœurs en laissant entre eux la vertu, est le lien le plus doux de la famille ; elle est le charme le plus attrayant de l'amitié.

Mais qu'il faut être bon et vertueux pour s'aimer beaucoup sans trop s'aimer !

La familiarité devient répréhensible et dangereuse chaque fois qu'elle laisse dire *sans gêne* et entendre sans rougir des paroles qui blessent, même légèrement, la décence ou la politesse, chaque fois qu'elle permet des actes bons en eux-mêmes, mais qu'on n'oserait se permettre avec des amies vertueuses.

La familiarité confond vite la tendresse avec l'engouement ; elle oublie la joie du cœur pour s'attacher à la joie de l'esprit et au plaisir des sens.

Des règles pratiques sont difficiles à donner par écrit ; du reste, il y a dans les âmes bien nées un instinct qui les guide : celles qui sont bonnes, douces, modestes, savent être affables et familières sans tomber jamais dans le mépris.

CHAPITRE HUITIEME.

LA PUÉRILITÉ.

80. — Qu'est-ce que la puérilité? Sa nature

Le seul mot de puérilité indique la nature
de ce défaut.

La sagesse n'est pas austère, sans doute ;
elle aime à se revêtir de grâce et d'amabilité,
mais elle a quelque chose de grave qui ne
peut s'allier avec les actes de la première enfance.

La vie est sérieuse. Dès votre première entrée, vous avez, comme une reine, trouvé le
sol jonché de fleurs : il fallait bien vous la
faire aimer ; mais ces fleurs deviennent rares
hors du couvent, et celles même de la famille ont des épines que vous ne soupçonnez
pas encore.

Fortifiez votre esprit et votre cœur.

Votre enfance s'en va, ne soyez pas la seule à l'apercevoir. Or, la puérilité continue dans l'adolescence ces paroles futiles, volages, rieuses et sans but qu'on recueillait avec un bienveillant sourire tombant des lèvres d'une enfant de six ans, mais qui déparent une jeune fille plus encore que ne la déparerait un joujou dont elle ferait ses délices.

Une petite enfant ne peut être *sage* dans le sens propre du mot, c'est-à-dire raisonnable ; elle ne peut qu'être *bonne*.

La sagesse vient plus tard. Faut-il lui fixer un âge ? Non, sans doute, et cependant on sent qu'une jeune fille de quatorze ans doit ajouter à l'amabilité de ses huit ans un nouveau charme dont la nature est de la faire respecter et de la rendre utile.

Le cœur doit rester toujours enfant, quoiqu'il ne doive pas toujours le paraître, parce que sa nature est de toujours aimer, et qu'on n'aime jamais tant que lorsqu'on est enfant.

L'esprit et les manières ne doivent plus l'être.

Dans la nature, il faut que la fleur tombe

avant que paraisse le fruit ; l'enfance est la
fleur, la sagesse est le fruit. Que vous seriez
parfaite si vous saviez conserver l'une et l'autre, rester enfant dans la famille, vous montrer forte dans les épreuves, prudente dans
les conseils !

31. — Comment se manifeste la puérilité?

1° La puérilité se manifeste par un babil
interminable ; elle entasse dans la conversation les détails les plus insipides, les particu-
larités les plus futiles ; elle parle sans réflexion,
et, après un grand flux de paroles, ne laisse
autour d'elle que fatigue et ennui.

2° La puérilité se manifeste par les occupations qui rappellent celles des petits enfants.
Un cerceau, une raquette font, dans une société, tressaillir la jeune fille de dix-huit ans,
qui oublie qu'elle n'est plus au couvent et que
ces jeux ne lui sont plus permis qu'avec ses
amies ou avec ses petites sœurs.

Elle est d'une excessive futilité dans ses travaux, ne s'occupant à rien d'utile. Une jeune
fille sortie du couvent, qui ne peut cha-

que mois montrer à sa mère le travail qu'elle a fait, a dû passer des journées bien tristes pour elle et bien fatigantes pour les autres.

3° La puérilité se manifeste par les pensées sans but qui traversent ce petit esprit vide avec la rapidité d'un oiseau entré par mégarde dans une chambre ouverte ; c'est à chaque minute une idée nouvelle qui efface la première et qui rend impossible toute conversation suivie.

4° Enfin elle se manifeste par le ton de la voix, qui affecte ou la naïveté ou ces accents de caresse molle et efféminée qui provoquent presque une crise nerveuse.

Demandons sans doute une caresse, ne l'exigeons jamais.

Tout le monde dit de la jeune fille qui, par vanité quelquefois, par mollesse le plus souvent, a conservé ces dehors puérils : *C'est une enfant.* Dans la bouche de ceux qui l'aiment, ce mot peut-être n'a pas d'autre sens ; mais que de fois il signifie : *C'est une sotte !*

Connaître ce défaut, n'est-ce pas vouloir travailler à le détruire ?

CHAPITRE NEUVIÈME.

L'AMOUR DE LA VÉRITÉ.

32. — Nature et effets de l'amour de la vérité.

La vérité consiste à dire les choses telles qu'on les sait.

On ne doit pas toujours dire tout ce qu'on sait, ce serait imprudence ; mais on ne doit jamais *dire que ce qu'on sait.*

L'amour de la vérité est une vertu qui fait pardonner beaucoup de fautes. Accusez avec candeur celles que vous avez commises, et, soyez-en sûre, si l'on doit vous punir, on ne trouvera point de reproche pour vous humilier.

Il est le moyen infaillible de se corriger ; l'enfant qui s'oblige à dire ses fautes dès qu'elles lui échappent se verra bientôt vertueuse. Avouer une faute, c'est se faire arracher une épine qui dégradait le caractère et qu'on ne pouvait arracher soi-même.

L'amour de la vérité attire la confiance de tous. On surveille peu une enfant qu'on sait assez franche pour raconter tout ce qu'elle a fait, et qui par cela même est assez sage pour ne pas faire volontairement des sottises.

Je ne sais rien de plus doux et de plus flatteur pour une enfant que cette pensée : *On croit toujours tout ce que je dis.*

L'amour de la vérité enfin est une vertu féconde ; il est de la nature de ces fleurs qui ne peuvent croître solitaires et font germer autour d'elles des rameaux odorants.

La candeur, la franchise, la naïveté, la sincérité, s'épanouissent comme les branches d'une seule tige tout autour de l'amour de la vérité.

Aimables vertus qui ont chacune une grâce particulière et que je voudrais bien vous donner.

33. — La candeur.

La candeur montre l'âme telle qu'elle est, sans aucune défiance ; elle semble dire à tout le monde avec un sourire : Voyez, il n'y a rien de mal en moi.

Elle suppose une grande innocence, et c'est elle qui donne à l'enfance ce charme qui attire.

La candeur est un don du ciel qui, hélas ! disparaît trop tôt ; il ne se rencontre dans l'adolescence que chez quelques âmes privilégiées, gardées par le ciel d'une manière toute spéciale, et qui ordinairement ne sont pas faites pour le monde.

Rien n'est beau comme cette vertu ; elle répand sur la physionomie les douces lueurs de l'ignorance du mal, et inspire tant de respect et d'estime, que les plus méchants se sentent domptés à sa vue.

La candeur se perd insensiblement par le commerce du monde et la connaissance du mal. Une jeune fille peut n'être plus candide sans cesser d'être vertueuse ; mais alors sa vertu même a quelque chose de moins aimable.

34. — La franchise.

La franchise est moins belle que la candeur, quoiqu'elle soit toujours un reflet de l'innocence ; et si la prudence et le tact ne la dirigent pas, elle peut faire beaucoup de tort aux autres et à la personne même qui est franche.

Le défaut ordinaire des personnes franches est *de trop parler.* Sans doute elles ne disent que ce qui est vrai ou ce qu'elles croient vrai, mais qu'elles n'oublient pas que toutes les vérités ne sont pas bonnes à dire.

Ces vers qu'on prend souvent pour excuse :

Pour moi, j'aime à nommer les choses par leur nom ;
J'appelle un chat un chat, un fripon un fripon,

sont d'une franchise impolie.

On croit s'excuser en disant : *Je suis fran-che, et je dis ce que je pense.* Prenez garde, on croira que vous pensez mal.

Un homme d'esprit a écrit : « La franchise sans la prudence est la vertu des sots. » Il n'y a, en effet, que les sots et les méchants qui possèdent cette franchise ; elle est alors sœur de l'indiscrétion.

35. — La naïveté.

La naïveté laisse échapper une pensée telle qu'elle a été conçue dans l'esprit et sans ré-flexion préliminaire.

Il y a des paroles d'enfant délicieuses quand elles sortent de leur âme candide, et que surtout elles ont passé par leur cœur si aimant.

Oh! que de larmes elles ont séchées en faisant naître un sourire!

Mais la naïveté devient insupportable quand elle est l'expression de la légèreté, de l'ignorance ou de la sottise. Rien n'est blessant comme les paroles naïves de ceux qu'on a si justement appelés des *enfants terribles*.

Que devenir quand un enfant dit en présence d'un visiteur importun : *Maman, n'est-ce pas de monsieur que tu disais qu'il était embêtant de venir tous les jours ?*

Sachons écouter nos maîtresses quand elles nous reprennent, et ne nous excusons pas par ces paroles : *Je n'y ai point mis de malice.*

Une flèche lancée sans intention peut faire de profondes blessures.

Sachons réfléchir aussi, et ne permettons pas à toutes les pensées qui naissent au-dedans de nous de se montrer au-dehors ; pour cela, *parlons un peu moins.*

La pensée naïve plaît toujours quand elle

vient du cœur, parce qu'elle est produite par la bonté.

Elle cause de la peine aux autres ou nous fait rougir quand elle vient de l'esprit. C'est que l'esprit d'une jeune fille, quand il n'a pas été sérieusement habitué au travail, est rempli par la coquetterie, l'amour-propre ou la légèreté. Or, que peuvent produire ces trois défauts ?

Deux petites filles brodaient des pantoufles dont chacune devait faire cadeau à son grand-père au jour de l'an. L'une d'elles, plus sensible à l'ennui du travail qu'au plaisir que ressentirait le bon vieillard si aimant, dit à sa compagne : *Tu es bien heureuse, toi ; ton grand-père n'a qu'une jambe.*

36. — La sincérité.

La sincérité fait non seulement parler comme on pense, mais empêche de parler autrement qu'on ne pense ; elle va droit au but, dit simplement *oui* quand il faut dire *oui*, dit *non* quand il faut dire *non*.

Rien de délicieux comme les rapports que l'on a avec une personne franche et sincère; une heure de conversation avec elle, quand à son cœur droit et loyal elle joint une intelligence vraie, rend l'esprit et le cœur tout pleins de joie.

Ces âmes-là reposent : on est à l'aise avec elles, on n'a jamais peur d'être trompé, et on comprend ces mots d'un moraliste : « La sincérité est l'enseigne d'un cœur honnête. »

Aimons donc la vérité, sachons supporter une injustice plutôt que de la trahir; elle a assez de ressources pour nous consoler.

Nous aurons à parler dans la seconde partie de *la discrétion*, qui complétera ce que nous n'avons dit ici qu'en général et donnera plus de conseils pratiques.

CHAPITRE DIXIÈME.

LE MENSONGE.

37. — Qu'est-ce que le mensonge?

Le mensonge consiste à parler contre sa pensée dans l'intention de tromper.

C'est quelque chose d'étrange que ce penchant à mentir qui se manifeste dès que la raison paraît et se perpétue dans tous les âges; nous aimons la vérité, nous la voulons pour nous, nous tendons à la posséder, et nous la cachons aux autres.

Le mensonge ne s'apprend pas, il se devine. Serait-ce le souffle du démon passant sur le cœur de l'enfant que ce trouble qu'il ressent à son premier mensonge?

38. — Comment se manifeste le mensonge ?

Le mensonge est d'abord *maladroit et timide;* il ne sort jamais des lèvres, au commencement, sans colorer les joues d'une rougeur qui trahit. C'est que le mensonge va si mal à l'enfant !

L'habitude fait disparaître la rougeur, et le cœur et le front se couvrent pour ainsi dire de cette callosité grossière qui entoure les mains du travailleur

L'enfant mentait d'abord avec *maladresse;* elle ment ensuite avec *entêtement,* puis avec *une finesse exquise,* enfin avec le masque de la *franchise.*

Elle devient hypocrite, c'est-à-dire ce qu'il y a de plus hideux sur la terre, parce que c'est ce qui ressemble le plus au démon.

39. — Comment a lieu le mensonge?

On ment *par le silence.* Des fleurs ont été coupées au jardin, une compagne est accusée.

on la laisse punir. Voyez-vous déjà le cœur qui s'endurcit? Encore quelque temps, et il deviendra accusateur.

On ment *par des aveux incomplets*. On a commis plusieurs fautes, on en avoue une, espérant par là faire oublier les autres.

On ment *par une négation complète de la vérité*. Alors c'est de l'impudence et de l'effronterie. On trouve peu d'enfants qui en soient là.

A celle qui, les lèvres pincées, le regard immobile et le front sans le moindre nuage, vous dirait énergiquement : *Ce n'est pas moi,* quand on l'a vue commettre une faute, à celle-là on peut dire : *Retirez-vous.*

C'est fini pour elle; le baiser de sa mère n'ira plus jusqu'à son cœur.

40. -- Conséquences du mensonge.

Le mensonge suppose toujours d'autres fautes, souvent des vices; il leur sert de marche-pied, dit un philosophe.

Le mensonge, c'est la nuit du cœur, et c'est dans les ténèbres que le mal se commet. Qui sont celles qui mentent? *Les gourmandes* qui ont dérobé ce qui flattait leur convoitise; *les curieuses* qui ont surpris un secret; *les paresseuses* qui ne veulent pas convenir de leurs défauts.

C'est toujours ou pour cacher une faute, ou pour obtenir un avantage, qu'on déguise la vérité.

Celle, du reste, qui dit un mensonge, ne sait pas le travail qu'elle entreprend : il lui faut en inventer mille autres pour soutenir le premier.

41. — Effets du mensonge.

Le mensonge, qui suppose le mal, y entraîne avec d'autant plus de force qu'il promet et assure l'impunité.

A l'abri du mensonge, les passions fermentent, grandissent, et, quand vient l'heure, se montrent dans toute leur laideur; qu'est-ce, par exemple, qu'une calomnie pour un menteur?

Aussi l'enfant qu'on sait menteuse est-elle partout détestée; ses paroles même les plus vraies ne sont jamais crues, et, si elle ne se hâte de déraciner ce vice de son âme, il est à craindre qu'une fois hors du pensionnat, elle ne puisse plus persuader aux autres qu'elle est devenue sincère.

L'habitude de mentir fait à la réputation une blessure profonde; cette blessure peut guérir, mais la cicatrice reste toujours.

Faut-il résumer cette doctrine, toute appuyée seulement sur la raison humaine, par la doctrine de Jésus-Christ?

Ecoutez cet anathème : « Menteurs, vous êtes les enfants du diable... La vérité n'est point en lui; il est menteur et le père du mensonge. »

Prenez garde, corrigez-vous : le pain du mensonge est doux à l'homme qui le mange, mais bientôt il remplit sa bouche de gravier.

CHAPITRE ONZIÈME.

L'OBÉISSANCE.

**42. — Qu'est-ce que l'obéissance? Quelle est
sa nature?**

L'obéissance consiste à *exécuter promptement et de bonne grâce les ordres donnés par
nos supérieurs*.

On appelle supérieurs ceux qui sont au-dessus de nous par l'âge, par l'expérience,
par le mérite ou la place qu'ils occupent.

L'obéissance est une des vertus qui pèsent
le plus, parce qu'elle est un obstacle à l'entraînement instinctif qui nous pousse vers ce
que nous croyons une jouissance.

Nous ne voyons dans l'obéissance qu'*un
obstacle qui nous gêne*, au lieu d'y voir un
ange qui nous met à l'abri du mal.

Nous ne voyons dans l'obéissance, si douce

à cette heure, qu'*un joug qui pèse sur nous*, au lieu d'y voir un apprentissage de la vie qui nous fortifie peu à peu et nous met à même de supporter plus tard le lourd fardeau de peines qui nous attend.

Nous cherchons à la secouer, et, comme nous sommes obligés de la subir, nous murmurons en soupirant après l'heure où nous serons en liberté.

Essayons de réfléchir sur la nécessité de l'obéissance à notre âge et sur les services qu'elle nous rend.

43. — Nécessité de l'obéissance.

L'obéissance est nécessaire à cause de *notre faiblesse*. Nous pouvons bien peu de choses; à chaque instant du jour nous sentons le besoin d'un aide, d'un conseil, d'un appui. Obéir, c'est accepter cet aide, ce conseil, cet appui que notre amour-propre ne voulait pas demander et que Dieu nous fait offrir.

L'obéissance est nécessaire à cause de *notre ignorance*. Que de fois, trompés par l'apparence, nous voyons un plaisir réel là où il n'y a que déceptions ou dangers ! Qui nous retient au moment où nous allons souiller notre âme ou blesser notre corps? l'obéissance. Nous pouvons connaître le nombre de nos désobéissances par celui de nos chutes.

L'obéissance est nécessaire à cause de *nos mauvais penchants.* Nous avons beau nous faire illusion, il y a en nous des instincts mauvais qui tendent à faire disparaître notre amabilité; il y a en nous paresse, égoïsme, vanité, nous le sentons, et nous n'avons ni les connaissances nécessaires, ni surtout la force de nous dominer; nous sommes obligés de laisser ce pénible travail à des âmes qui s'y soumettent par affection et par devoir.

Or, *se laisser rendre aimable,* c'est obéir.

Elevons nos pensées : l'enfant obéit à sa mère et à sa maîtresse, la mère et la maîtresse, que l'enfant croit indépendantes, obéissent à une autorité supérieure, et cette autorité est soumise à Dieu, qui lui a tracé *des devoirs* avec ordre de les transmettre à vos maîtresses comme vos maîtresses vous les transmettent; de sorte que l'obéissance est une chaîne qui a son premier anneau dans la main de

Dieu, descend sur la terre, enlace toute créature et remonte encore à Dieu, formant ainsi une couronne de gloire et d'harmonie.

En sortir volontairement, c'est s'éloigner de Dieu, c'est se perdre.

44. — Le devoir.

L'obéissance change de nom plus tard, mais ce nom est plus austère comme l'obéissance est plus difficile : elle s'appelle *le devoir;* et ce n'est plus la douce voix d'une maîtresse qui l'impose en le partageant souvent avec vous, ce n'est plus une main amie qui en arrache les difficultés. Demandez à vos mères, elles vous diront mieux que tous les livres : Enfants, apprenez à obéir pour n'avoir pas plus tard à ployer sous de terribles épreuves. Le cœur préparé sait mieux supporter la lutte.

Le devoir varie avec chaque âge, avec chaque état, chaque position; il est toujours ce maître inflexible qu'on ne peut méconnaître sans s'exposer au repentir, qu'on ne peut négliger sans se livrer au remords.

La liberté est aveugle, le devoir la conduit;

malheur à celui qui rompt le lien qui les rat-
tache l'un à l'autre !

45. — Moyens de rendre l'obéissance facile.

L'obéissance est toujours pénible, parce
qu'elle exige la contrainte, et nous ne l'aimons
pas ; mais c'est la contrainte qui donne l'é-
nergie à la volonté, la force à l'intelligence,
l'amabilité au caractère.

Que seraient la plupart des enfants, si l'o-
béissance ne les contraignait au travail, par
exemple ? Ce qu'est, le long du chemin, la
plante inutile que le passant foule au pied, et
qui n'offre que des pointes acérées à la main
qui la touche.

Que devient une jeune fille à qui jamais
une mère ni une maîtresse n'a imposé sa volonté ? Hélas ! ignorante, susceptible, vaniteuse, elle se désespère contre le poids de la
vie qu'elle n'a pas appris à supporter ; elle
se révolte contre ce qui la contrarie, et reste
ennuyeuse à tous et à elle-même.

Voulez-vous éviter cet état et alléger le fardeau de l'obéissance ? commencez par aimer

vos maîtresses : il n'y a que du bonheur à dépendre de ceux qu'on aime.

Obligez-vous pendant quelque temps à accomplir *parfaitement* ce qu'on vous commande. On parvient bientôt à faire volontiers ce qu'on aime, et on aime tout ce qu'on fait bien.

Dites-vous souvent que tout devoir doit vous être cher, parce que le devoir vient de Dieu,

« Je n'aime pas mon piano, il m'ennuie bien, disait une enfant de sept ans qui avait déjà compris la joie céleste de l'obéissance; je ne l'aime pas, mais je joue tous les jours, parce que le bon Dieu le veut et qu'alors toutes les notes que je fais sont des notes d'or. »

46. — Qu'est-ce que la docilité?

L'obéissance suppose *la docilité*. C'est une douce vertu qui reçoit avec bonheur les conseils qu'on lui donne.

Elle est la marque d'un bon esprit et d'une de ces natures faites pour être aimées.

Une enfant docile trouve le bonheur à cha-

que pas qu'elle fait dans la vie ; pliant sa volonté à celle de ses supérieurs, elle va, calme
et confiante, sûre de rencontrer toujours un
appui, une consolation et un aide auprès des
personnes à qui elle témoigne tant de confiance.

Elle ne sait jamais dire *non* à ses maîtresses : ce n'est pas qu'il ne lui en coûte quelquefois, mais c'est un petit frémissement pas-
sager qu'elle éprouve ; jamais un sentiment
de révolte ne gronde dans son cœur.

Quand on sait lire dans les âmes, on voit
dans celle d'une enfant docile l'empreinte de
Jésus.

CHAPITRE DOUZIÈME.

LA DÉSOBÉISSANCE.

47. — Nature de la désobéissance.

La désobéissance est la forme la plus ordinaire de l'orgueil. Il n'est pas permis sans doute de porter un jugement défavorable sur le prochain ; cependant, si vous voyez une enfant se plaire à désobéir, vous pouvez dire sans crainte de vous tromper : C'est une orgueilleuse.

Désobéir, en effet, c'est ne pas se soumettre : n'est-ce pas le caractère propre de l'orgueil ?

La désobéissance réfléchie, devenue une habitude, enlève à l'enfant toute son amabilité, et peu à peu, on ose à peine le dire, la rend détestable ; elle mène *au caprice*, le caprice *à l'entêtement*

Il n'y a plus de degrés après, et ce n'est pas l'enfant qui est à plaindre, c'est sa pauvre mère : on pleure celui qui est mort, on ne le plaint pas.

43. — Comment se forme l'habitude de la désobéissance?

C'est insensiblement qu'on devient désobéissante, mais la pente ici est bien rapide. On a l'orgueil pour maître, et l'orgueil aiguillonne avec une force étrange.

L'enfant commence par faire nonchalamment le devoir commandé; cette langueur dans le travail conduit *à la négligence.*

Le travail n'est plus fini ; on le trouve long, difficile, ennuyeux, et on ne le fait plus du tout, ou on le fait très-mal.

A une juste observation de la maîtresse, on murmure; puis, devant les autres surtout, on prend plaisir *à tenir tête,* en donnant des raisons imaginaires de fatigue ou d'impossibilité.

On ne veut pas avoir le dernier mot dans la discussion, et, comme le droit reste à l'autorité, *on se révolte,* ou, si on se sent trop

faible ou trop peu appuyée par ses compagnes, on reste dans une immobilité effrayante.
C'est l'entêtement, qui ressemble quelquefois
à la stupidité.

On laisse gronder, on n'écoute pas, on n'o-
béit pas.

49. — Effets de la désobéissance.

La désobéissance refroidit d'abord et détruit bientôt l'affection qu'on avait pour nous.

Et il faut que ce défaut ait quelque chose
de bien hideux, puisqu'il glace même le cœur
d'une mère.

Sa *fille ingrate* la fera pleurer, torturera son
âme, et cependant cette bonne mère l'aimera
encore.

Sa *fille méchante* la couvrira de honte, elle
l'aimera encore.

Sa *fille coupable* percera son âme de douleur, elle l'aimera encore.

Devant sa *fille désobéissante,* la mère restera froide, sans affection, et la verra s'éloigner sans être émue.

La désobéissance inspire un sentiment de

répulsion qui pousse à se séparer de l'enfant qui a ce malheureux défaut.

Voyez-vous comme la mère écarte avec soin de ses autres enfants celle qui est désobéissante ? Elle n'agirait pas autrement si elle la savait atteinte d'une maladie contagieuse.

La désobéissance produit l'ignorance. Celle qui n'apprend que ce qu'elle veut, qui n'écrit qu'à ses heures, qui n'écoute que lorsqu'il lui plaît, que peut-elle savoir ?

Le babil n'est pas la science.

La désobéissance enfin gâte le caractère, rend acariâtre, accoutume à vivre en contradiction avec tout le monde et à ne pouvoir supporter la moindre observation.

N'est-ce pas assez ? Malheur à l'enfant qui, après ces quelques lignes, ne rougit pas et ne prend pas la forte résolution de se corriger, si elle se reconnaît coupable !

CHAPITRE TREIZIÈME.

LA RECONNAISSANCE.

50. — Qu'est-ce que la reconnaissance, et quelle est sa nature?

La reconnaissance est le souvenir du bienfait reçu, joint au désir d'être utile au bienfaiteur.

C'est la mémoire du cœur, et de tous les devoirs le plus facile à remplir.

Quand le cœur est bon, dès qu'une parole aimante ou un bienfait tombe sur lui, aussitôt, sans effort, sans même qu'il y songe, ce cœur s'ouvre pour laisser sortir un mot de reconnaissance.

Partout où règne la reconnaissance on peut être sûr de rencontrer la vertu. Le parfum suppose toujours la fleur : la reconnaissance est le parfum de la vertu.

Aussi voulez-vous un moyen infaillible de vous juger ? Quand vous vous sentez portée à oublier, quand surtout le souvenir d'un bienfait vous pèse, ou même qu'il passe sur votre âme sans pénétrer au fond, dites-vous en rougissant : *Je deviens moins bonne.*

51. — Effets de la reconnaissance.

L'oubli commence, la méchanceté achève.

1° La reconnaissance agrandit le cœur, lui apprend à être bon et à se donner ; quand on est reconnaissant, on devient facilement bienfaiteur.

On a dit avec beaucoup de grâce que la reconnaisance était *la richesse du pauvre,* et ce mot est vrai ; elle fait trouver mille moyens ingénieux pour remercier sans blesser la modestie.

2° La reconnaissance resserre le liens de la famille et de la société. Rien ne sait attirer un bienfait comme un bienfait, et n'attache le cœur comme ces prévenances réciproques.

Se souvenir, aimer, rendre, tel est le fond de cette vertu.

Qui ne voit dans cet échange de bienfaits, dans ce doux commerce et cette union de cœurs qui luttent pour savoir lequel des deux se lassera le plus tôt à être bon, qui ne voit la charité des saints ? Qui ne comprend que la terre, sous l'empire de la reconnaissance, serait un reflet du ciel ?

52. — Comment doit se manifester la reconnaissance ?

1° La reconnaissance *est prompte;* si elle est le résultat de la réflexion, elle n'est plus que le payement d'une dette.

Un remercîment tardif fait douter au bienfaiteur s'il a été agréable par son bienfait.

2° La reconnaissance *est expansive;* elle se manifeste ou par des paroles ou par des actions, mais la délicatesse et le goût doivent accompagner cet épanchement du cœur.

Rendre l'équivalent de ce qu'on a reçu au moment où la main du bienfaiteur vient de s'ouvrir, c'est regarder le bienfait comme un fardeau qu'on se hâte de secouer.

N'ayons jamais l'air de rendre, ayons toujours celui de donner.

3° La reconnaissance *est joyeuse*. Il y a une
manière de recevoir qui est déjà de la reconnaissance.

Montrez à votre bienfaiteur qu'il a fait une
heureuse et que son tact a su deviner vos désirs
et vos goûts ; il ne demandera plus rien, pas
même un remercîment.

Il y aurait ici une question charmante à ré-
soudre : quel est le plus heureux de celui qui
donne ou de celui qui reçoit?

Je crois que c'est celui qui donne, parce
que celui qui reçoit n'est satisfait que lorsqu'il a donné à son tour.

N'oublions pas que les cœurs bien inno-
cents savent seuls être bien reconnaissants.

CHAPITRE QUATORZIÈME.

L'INGRATITUDE.

53. — Qu'est-ce que l'ingratitude?

L'ingratitude est la méconnaissance du bienfait, avec l'intention de ne jamais le rendre.

C'est une plaie hideuse qui s'étend sur le
cœur, n'occasionne aucune sensation pénible
à celle qui en est affligée, mais fait éprouver
un mouvement d'horreur à tous ceux qui la
voient.

Nous ne dirons qu'un mot de ce vice; le
nom seul d'ingrat fait mal, d'autant plus
qu'une fois implanté dans l'âme, la guérison
n'est presque plus possible.

Malheur à l'ingrat! Le gouffre qui absorbe
tout ce que la pente de ses bords entraîne
dans ses abîmes et n'exhale qu'une odeur in-

fecte, le serpent qui se nourrit de fleurs suaves et ne répand qu'un venin pestilentiel, c'est l'image de son cœur.

54. — Sources de l'ingratitude.

La première source de l'ingratitude est *l'orgueil*. On ne veut pas avouer qu'on a reçu un bienfait, ou bien on s'imagine que la grâce qu'on nous fait est une justice.

C'est l'orgueil qui rend ingrat envers la famille, et arrache tant de larmes aux pauvres mères méconnues par leurs enfants.

C'est l'orgueil qui fait oublier le couvent où on a été élevée et les maîtresses qui nous ont aimées.

Si encore on se contentait d'oublier ; mais comme on éprouve un remords, on veut se justifier, et on accumule en face de son cœur toutes les punitions qu'on a subies, toutes les peines qu'on a endurées, et on dit du couvent: *J'y ai bien assez souffert ;* de ses maîtresses : *Quel bien m'ont-elles fait ?*

La deuxième source de l'ingratitude est quelquefois, même à votre âge, *l'avarice.* On a calculé la valeur d'un bienfait ; on l'a accepté, mais avec la pensée de ne pas le rendre, et on secoue, comme trop onéreuse, la seule idée de reconnaissance.

La troisième source est *l'apathie*. Il est des âmes sans ressort, qui, accroupies pour ainsi dire sur elles-mêmes, se contentent de vivre matériellement, sans se douter qu'il y ait une autre vie que celle du corps.

Elles ne comprennent pas le bien qu'on leur fait, comment essayeraient-elles de le rendre ?

Ce qui flatte *leur vanité* ou *leurs sens* a seul la puissance de les émouvoir ; mais la vanité ni les sens ne savent pas remercier : la reconnaissance ne vient pas de là, elle vient du cœur.

La dernière source est *la méchanceté*. Le bienfait pèse, on n'en voudrait pas presque, pour n'être pas obligée de le rendre, et si on l'a reçu, on rougit d'abord, puis on s'irrite à chaque souvenir, puis enfin on hait avec une énergie quelquefois féroce.

Heureusement ces âmes-là sont rares.

55. — Effets de l'ingratitude.

Le premier effet de l'ingratiude, c'est le remords qui dévore l'ingrat.

Le bienfait s'attache au cœur sous les traits du bienfaiteur méconnu, et à chaque nouvel effort pour le détruire, il y puise une vie nouvelle. Cette image poursuit partout et oblige quelquefois à s'exiler pour échapper à son regard. La vue de son couvent fait mal à l'ingrate, et elle ne peut souffrir, sans éprouver comme des spasmes, qu'on prononce devant elle le nom de ses maîtresses.

Le deuxième effet de l'ingratitude serait de tarir la source des bienfaits, mais Dieu a créé grande l'âme qu'il a faite généreuse; elle sait qu'il n'est pas moins beau de faire des ingrats que de faire des heureux, et elle continue sa vie de dévouement.

Oh! ne soyez pas ingrate actuellement : il n'est pas d'heure où vous ne receviez un bienfait; que pas une heure ne s'écoule sans que vous manifestiez votre reconnaissance par un acte au moins d'obéissance.

Ne soyez pas ingrate plus tard ; ce que vous

apprenez ici, et qui, dans le monde, servira à votre bien-être, se dresserait contre vous et attristerait votre vie.

56. — Comment se conduire envers les ingrats?

Vous ferez des ingrats plus tard, parce que vous serez bonne; vous auriez lieu de douter de votre cœur, si vous n'en trouviez pas. Vous savez l'impromptu d'une jeune fille répondant à sa compagne :

> — Berthe n'a jamais fait d'ingrats;
> Un tel bonheur vraiment m'étonne.
> — Ce bonheur ne m'étonne pas :
> Berthe ne fit jamais aucun bien à personne.

On dirait que le bon Dieu permet l'ingratitude pour avoir le bonheur de rendre lui-même au centuple le bien qu'on a fait et dont on n'a jamais été payé; et puis nous aurions trop de joie à faire le bien, si nous trouvions toujours des cœurs reconnaissants.

Ne vous lassez donc point : vous travaillez sûrement pour le ciel. Peut-être aussi le seul moyen de guérir une âme ingrate serait de l'accabler de plus de bien encore.

C'est ce que fait le bon Dieu.

CHAPITRE QUINZIÈME

LA POLITESSE ET LA GROSSIÈRETÉ.

57. — Qu'est-ce que la politesse ?

La politesse est l'attention constante à ne dire et à ne faire que ce qui peut être agréable aux autres.

C'est le désir légitime de plaire à tout le monde, la chaîne de fleurs qui lie entre eux les membres de la société.

Son but est de rendre les relations mutuelles douces, faciles, affectueuses, de procurer, par conséquent, le bonheur. Est-ce que la plus grande partie de nos peines ne vient pas des rapports obligés que nous avons avec les autres ?

La politesse est comme une huile parfumée qu'on place entre les rouages de la société ; elle

relève la vie, et si l'affection en fait le bonheur,
elle seule en fait le charme.

Monnaie faite avec un métal précieux, composé des vertus du cœur, elle a cours dans tous
les pays, auprès de tous.

Une personne polie se reconnaît au soin
qu'elle met à rendre ceux qui l'entourent con-
tents d'elle et d'eux-mêmes.

Le résultat nécessaire de ce soin est de la
faire aimer.

Nous ne pouvons ici que donner quelques
principes généraux ; ces mille petits riens, ces
nuances insaisissables qui forment la politesse
ne s'apprennent pas dans les livres.

53. — Qu'est-ce que la civilité?

La politesse a pour compagne la *civilité*, qui
n'est qu'un cérémonial extérieur par lequel on
salue, on sourit, on se courbe de telle ou telle
façon selon les personnes ou les pays, à peu
près comme ces jouets d'enfant dont on tient
les ficelles.

La civilité est composée, raide, gênante, si
la politesse ne vient l'assouplir et lui prêter sa
grâce et son aisance.

Elle varie selon les temps et les contrées, tandis que la politesse est partout la même. Elle est un art qui demande pour être appris du temps et des leçons ; la politesse est connue de tout bon cœur, et dès qu'on la possède, l'absence de la civilité n'est plus remarquée.

La piété sans doute ne révèle pas à un bon cœur tous les mystères de la civilité, mais elle le dispose merveilleusement à les apprendre.

59. — Qu'est-ce que le bon ton ?

Le *bon ton* semble réunir la politesse et la civilité. C'est une réserve extérieure qui fait que chacun, en étant aimable, se respecte et se fait respecter.

C'est de ce respect mutuel que naissent les grâces du maintien, l'affabilité des paroles, le goût exquis dans la toilette, ce qu'on appelle, en un mot, *les convenances.*

On peut dire que ce sont toujours les femmes qui apportent les manières distinguées ou les font disparaître de la société.

La présence d'une *femme polie* est à elle seule une garantie de la décence; elle devient une gêne salutaire qui ne permet à personne de s'écarter des lois de la bienséance et oblige les moins réfléchis à veiller sur leurs discours.

Ce n'est pas une flatterie, mais la force de la vérité qui a fait dire :

Les hommes font les lois, les femmes font les mœurs.

60. — Où doit surtout se montrer la politesse?

Il y a deux théâtres sur lesquels la vie de la jeune fille est appelée à se dérouler : le foyer domestique et le salon.

L'un représente la vie de famille, l'autre la vie de société.

C'est elle qui doit former l'un et l'"autre, c'est d'elle qu'ils reçoivent leur impulsion.

Peur peu qu'on ait de tact, on sait être aimable dans un salon; on oublie trop qu'il faut l'être surtout dans la famille.

Dans la famille, on a peu occasion de se rendre de grands services; si l'on se dispense de la politesse, que reste-t-il ? l'amitié. Hélas! elle s'attiédit bien vite quand manquent les bons procédés ; l'amour fraternel diminue, le cœur même de la mère ose à peine montrer qu'il aime.

Point sans doute de ce cérémonial qu'impose la civilité, mais l'abnégation, mais l'esprit de charité, qui fait qu'on se gêne pour épargner une peine aux autres ou leur procurer un plaisir.

Dans un salon, vous devez être *aimable*, mais *toujours digne ;* vous ne serez l'un et l'autre qu'autant que vous serez *vertueuse.*

L'amabilité tempérera ce que la dignité aurait de trop austère; la dignité ôtera à l'amabilité la légèreté qui vous rendrait méprisable.

C'est un art difficile que cette combinaison de deux qualités qui semblent opposées ; la vertu peut seule l'apprendre. « Ne vous parez pas trop de vos bonnes qualités, disait une femme d'esprit, mais ne vous en déshabillez jamais. »

61. — Qu'est-ce que la grossièreté ?

La *grossièreté* est l'impolitesse habituelle, c'est-à-dire l'oubli de tous les égards qu'on se doit les uns aux autres.

Si la politesse attire et séduit, la grossièreté repousse et révolte.

« On peut ne pas être jolie, élégante, spirituelle, dit une femme du monde ; il n'est jamais permis de ne pas être aimable, et l'amabilité, c'est la politesse bien entendue. »

Le tact et la politesse suppléent souvent à l'esprit, ou plutôt semblent en donner à la personne qui n'en eut jamais ; l'esprit, au contraire, ne saurait remplacer la politesse.

« Une personne polie fait l'ornement de la société, une personne grossière y fait une tache. »

S'il me fallait passer ma vie avec un être sot ou grossier, je n'hésiterais pas à choisir le sot ; un sot peut être bon, un être grossier est toujours égoïste et méchant.

Sans être tout à fait grossière, on peut être bien fatigante ; c'est surtout quand on ne veut *se gêner en rien*. Une source d'impolitesse à laquelle on ne pense pas assez, c'est l'inexactitude. « Se trouver *un peu* en retard pour les repas, n'être pas *tout à fait* prête quand il faut sortir, arriver *un quart d'heure* après le moment convenu, ce sont des bagatelles, mais dont le renouvellement continu est fort ennuyeux pour les autres. »

L'habitude d'obéir au réglement vous donne, sans que vous vous en doutiez, cette exactitude qui est si précieuse ; ne la perdez pas, et rappelez-vous qu'on dit ou qu'au moins on pense toujours du mal de la personne qui se fait attendre.

Vous le voyez, que de bon sens, que de tact doit posséder une femme pour accomplir sa mission dans le monde !

C'est à votre âge, auprès de vos maîtresses d'abord, plus tard dans la société de votre mère, en écoutant leurs conseils, en acceptant leurs reproches et vous laissant former par leur expérience, que vous acquerrez ce qui vous est indispensable.

Finissons par cette pensée, qui résume ce que nous avons dit, et qui, bien méditée, apprendra ce que nous n'avons pu dire : *La vie doit être un perpétuel sacrifice de soi à autrui.*

Voilà le secret de la politesse comme celui de la vertu.

CHAPITRE SEIZIÈME.

LA PROPRETÉ.

---

62. — En quoi consiste la propreté?

La propreté consiste dans les soins particuliers que nous devons avoir de notre corps, de nos vêtements, de notre chambre et de tous les objets à notre usage.

C'est l'attention à éviter tout ce qui peut révolter la délicatesse des sens.

63. — Propreté du corps.

La propreté du corps entretient la santé et procure un bien-être qui, contribuant à la gaîté, contribue à la vertu.

Nous avons soin de notre âme, pourquoi négliger notre corps? n'est-il pas un don de

Dieu, et ne doit-il pas être glorifié dans le ciel?

Retranchons-lui les sensualités qui amollissent, mais ne le privons pas des soins qui le rendront plus digne d'être offert à Dieu et de le recevoir dans l'Eucharistie.

Il renferme notre âme comme une urne de cristal renferme un parfum; n'y aurait-il pas une certaine inconvenance à ne pas le garder propre et brillant?

C'est dans ce sens qu'on a pu dire avec raison : La propreté est une vertu.

Dans un sens plus matériel, le manque de propreté est cause d'un grand nombre de maladies; et celle qui s'y expose est d'autant plus inexcusable, qu'un peu d'eau suffit pour les prévenir, et que l'eau se trouve partout.

De nombreuses ablutions sont nécessaires à la santé, dit un médecin, et une grande propreté du corps est la coquetterie bien entendue des femmes, dont elle conserve la fraîcheur et recule la vieillesse.

La malpropreté est pour le corps ce qu'est la rouille pour le fer : elle l'use et le détruit.

64. — Propreté des vêtements.

La propreté des vêtements les conserve, plaît aux regards, et dispose à en notre faveur.

On a dit que c'était une lettre de recommandation auprès de tout le monde, et nous pouvons ajouter qu'une femme propre et soigneue est presque toujours vertueuse et honnête.

La propreté est au corps ce que l'amabilité est à l'âme; et c'est, dit saint François de Sales, un mépris de ceux avec qui on converse, d'aller parmi eux en habit désagréable.

On connaît la spirituelle *Epître à mon habit* d'un poète; il y a là, sous une forme légère, une utile leçon sur le sujet qui nous occupe :

Ah! mon habit, que je vous remercie!
Que je valus hier, grâce à votre valeur!
Je me connais; et plus je m'apprécie,
Plus j'entrevois qu'il faut que mon tailleur,
Par une secrète magie,
Ait caché dans vos plis un talisman vainqueur,
Capable de gagner et l'esprit et le cœur.
Dans ce cercle nombreux de bonne compagnie,

Quels honneurs je reçus! quels regards! quel accueil!
Auprès de la maîtresse et dans un grand fauteuil,
Je ne vis que des yeux toujours prêts à sourire;
J'eus le droit d'y parler, et parler sans rien dire.
Ce que je décidai fut le *nec plus ultrà*...
On applaudit à tout : j'avais tant de génie!
 Ah! mon habit, que je vous remercie!
  C'est vous qui me valez cela.

L'arbre n'est point toujours jugé sur ses fleurs ou son fruit; que de fois on ne regarde que l'écorce!

Il est du reste inutile d'insister sur la propreté des vêtements.

Il y a chez la jeune fille un tact particulier qui lui révèle tout ce que cette attention à veiller sur soi lui donne de grâces, et elle n'a qu'à purifier son intention pour faire *une vertu* de ce qu'elle fait par instinct.

Qu'il soit permis seulement d'ajouter une réflexion morale :

Tant que le vêtement est frais, qu'il flatte l'œil et brille aux regards, on prend, pour lui conserver sa fraîcheur, les précautions les plus minutieuses; mais quand une première tache a flétri cette robe si blanche, quand un pli disgracieux l'a froissée, alors on ne songe plus à elle, et c'est avec insouciance qu'on voit la poussière achever de la ternir.

N'en serait-il pas ainsi de notre cœur? Il a tant de charmes quand il est innocent, et il est si délicat! Oh! prenons garde à la première tache.

65. — Propreté dans la chambre.

Propreté dans la chambre : on sait en quoi elle consiste. La propreté suppose l'ordre, supplée à l'élégance, est bien préférable au luxe, et donne à la chambre un charme et un attrait qu'on n'osait pas lui supposer.

Comme l'œil se repose volontiers sur des murs dont rien ne ternit la blancheur, ou que recouvre la nuance délicate d'une tapisserie modeste!

Comme le jour semble prendre un éclat plus joyeux, en passant à travers la fenêtre qu'enveloppent de leur gaze légère ou de leurs plis ondoyants les rideaux que la jeune fille a brodés elle-même, et dont elle s'est plu à harmoniser les contours!

La propreté fait aimer la chambre, et l'ai-

mer, y trouver sa joie, y rester occupée, *c'est
plus que la moitié du bonheur.*

La petite chambre qui plaît, c'est l'asile sûr
et doux où l'on trouve un refuge contre les
douleurs et les déceptions du dehors.

Oh! malheur à vous dès que vous consi-
dérerez votre maison comme une tente où
l'on trouve un abri le soir, et que l'on quitte
dès que le réveil est venu!

Pauvre jeune fille, vous échangez des joies
vraies pour des plaisirs factices.

Les anciens croyaient à l'existence de di-
vinités qu'ils appelaient *dieux lares,* et qui
veillaient sur l'intérieur de la demeure. Ce
n'était pas une vaine croyance : changeons le
nom, mettons celui plus doux et plus pieux
d'*ange gardien.*

Oui, il y a un ange qui veille à l'intérieur
de la maison; mais vous ne verrez son visage et vous n'entendrez sa voix qu'autant
que l'atmosphère autour de votre âme sera
calme et purifiée.

Presque tous les maux, dit Pascal, viennent de ce que nous ne savons pas garder
notre chambre.

Ces réflexions semblent nous éloigner de notre titre ; elles n'en sont cependant qu'une suite nécessaire.

Aimez la propreté sur vous par *un, esprit de piété*, aimez-la autour de vous par *un esprit d'ordre*, et vous verrez que le bonheur vous choisira, vous pour compagne, et votre petite chambre pour demeure.

CHAPITRE DIX-SEPTIÈME.

LE LUXE.

66. — Qu'est-ce que le luxe? Ses effets

On peut définir le luxe : l'emploi des biens qu'on possède soit à nourrir la vanité, soit à contenter la sensualité.

C'est principalement dans la toilette qu'il se manifeste.

Le luxe préfère le brillant au solide, le superflu à l'utile, l'utile enfin au nécessaire.

Nous ne voulons ici qu'indiquer ce vice, qui cause ordinairement la perte de l'âme, souvent la ruine des familles.

Voici seulement quelques lignes empruntées à Mme de Maintenon dans les entretiens si sages qu'elle a laissés écrits pour les demoiselles de Saint-Cyr :

« On ne saurait trop vous dire, mes enfants, combien il y a de petitesse dans ce désir de la parure, quoiqu'il soit naturel aux personnes de notre sexe; il est si humiliant, que celles qui aiment un peu leur réputation, même dans le plus grand monde, se gardent bien de laisser entrevoir ce faible, si elles l'ont, parce qu'il les ferait mépriser de tous.

« Les plus mondains estiment les filles qui méprisent leur beauté, et elle ne paraît jamais plus que lorsqu'on semble la négliger et qu'on n'affecte point de s'habiller à son avantage.

« Le désir de plaire est lui seul une source de péchés, surtout quand c'est par l'ajustement qu'on veut plaire. »

Un homme du monde a écrit, il y a peu de temps, ces lignes remarquables :

« Je suis allé dans les sociétés l'hiver dernier, et j'ai remarqué dans les habitudes des jeunes filles des changements qui ne m'ont pas paru heureux.

« Autrefois les jeunes filles étaient toutes vêtues d'étoffes blanches, fraîches, légères, flottantes, qui correspondaient merveilleusement aux idées d'innocence et de candeur;

cela faisait penser à des anges enveloppés dans leurs ailes.

« Elles n'avaient point de fleurs dans les cheveux, point de bijoux. Ces robes blanches n'étaient variées que par des ceintures roses, bleues, lilas. Tout le luxe de ces parures consistait en fraîcheur.

« Cela ne disait point qu'une jeune fille était riche, mais cela donnait à penser qu'elle était propre, soigneuse, jeune, innocente.

« Mais aujourd'hui les toilettes magnifiques, variées, et, pour ces deux raisons, ruineuses, mêlent d'autres idées aux idées riantes qu'inspire la vue d'une jeune fille. »

67. — Causes de l'amour du luxe.

L'amour du luxe naît dans le cœur de la jeune fille avec sa première pensée ; il est une sorte de péché originel, dit le P. Berthier, et la vanité, qui lui sert d'aliment, sait, à nos yeux, lui ôter ce qu'il a de petit et d'humiliant, sous le nom de propreté, d'ordre et de bonne tenue.

1° Le luxe est *le produit et l'aliment de la*

coquetterie, ce désir égoïste d'attirer tout le monde à soi sans rien donner soi-même.

Oh ! comme vous avez besoin qu'on vous le répète : Méfiez-vous du sentiment qui vous porte à *vous parer pour plaire.* Que de ridicules, que d'ennuis, que de remords vous vous épargnerez !

Méfiez-vous surtout de ces fades et insipides compliments qui s'adressent à votre toilette, et qu'on ne vous fait bien souvent que pour avoir le plaisir malin de rire de votre crédulité.

Ayez assez d'esprit pour les renvoyer à votre modiste, qui les mérite bien mieux que vous.

Que votre miroir soit votre *conseiller* et non pas votre *flatteur* ou votre *confident.* Demandez-lui : *Suis-je bien mise?* mais ne lui dites pas ce que vous diriez volontiers à tout le monde si vous osiez : *Vois comme je suis belle !*

2° Le luxe et le désir de paraître sont éveillés dans l'âme de la jeune fille par *le vide de son esprit,* par *l'indigence de son cœur,* et par *le refroidissement de l'esprit de famille.*

Nous laissons aux maîtresses et à la jeune fille réfléchie le soin de développer ces trois causes.

68. — Remèdes contre le luxe.

D'après ce que nous venons de dire, on comprend que le remède à ce vice, qui fait perdre à l'âme son innocence et ôte même à l'extérieur cette grâce pleine de fraîcheur qui fait tout le charme de la jeunesse, serait l'attention à écouter la voix de la conscience qui dit : *Tu fais mal*, et le soin minutieux d'enlever fréquemment de son âme, par une bonne confession, tout ce qui blesse le regard de l'ange gardien.

La jeune fille qui cherche à plaire au bon Dieu est sûre de plaire à tout le monde.

Un autre remède se trouverait dans les affections suaves et fortes de la famille. La jeune fille qui se sent heureuse chez elle n'a presque pas de besoins.

Le monde est peu de chose pour celle à qui la mère suffit.

Résumons par cet axiôme, qui plus tard devra nous servir de règle :

La nature demande *le nécessaire :*

La raison veut *l'utile ;*

Le bon goût y joint *l'agréable ;*

L'amour-propre cherche *le brillant ;*

La passion, *le superflu.*

SECONDE PARTIE.

Vertus qui font estimer la jeune fille. Défauts opposés à ces vertus.

—▸—¥—◂—

CHAPITRE PREMIER.

L'AMOUR DU TRAVAIL.

———

**69. — En quoi consiste l'amour du travail ?
Sa nécessité.**

L'amour du travail consiste à faire à tout instant quelque chose d'utile.

Le travail est nécessaire pour conserver le corps; il est peut-être plus nécessaire à l'âme pour qu'elle ne périsse pas d'inanition et de misère.

Sans le péché, le travail n'eût été qu'une occupation ; on l'eût aimé par instinct, comme on aime, aux jours d'été, à porter à ses lèvres un fruit délicat ; il est maintenant devenu *une peine*, et voilà pourquoi il fait peur

Il se dresse devant nous comme un *maître* et nous impose son joug, qu'il appesantit d'autant plus sur nos têtes que nous essayons davantage de le secouer.

Travaille ! nous dit le bon Dieu, ou je te rejette de ma présence comme on jette la branche inutile.

Travaille ! nous disent nos parents, courbés eux-mêmes sous une dure étreinte ; que ton labeur nous soulage, et que tes mains, nous préparant une douce vieillesse, nous prouvent que tu n'as pas été ingrat.

Travaille ! nous dit la société, ou je te regarde comme un être dégradé et te repousse avec mépris.

Travaille ! nous dit enfin notre conscience, ou je te livre à l'ennui, cet ulcère qui mine sourdement l'existence, comme le ver détruit peu à peu le cadavre dans sa tombe.

70. -- Effets du travail.

1° *Le travail sanctifie la vie*. Il occupe l'imagination, qui ne s'eevole pas dans le pays des rêveries, où elle se souillerait.

Il ferme les avenues du cœur et n'y laisse pénétrer aucune de ces pensées lâches et énervantes qui obligent notre ange gardien à pleurer sur notre innocence.

Toujours le travail a été considéré comme le gardien de la vertu qu'il suppose dans l'âme ou qu'il amène avec lui.

Tous les saints ont été très-actifs, et les âmes imparfaites, mais actives, sont assurées de racheter bien des fautes par leur courageux travail.

Le travail éloigne le démon, qui n'approche, comme un voleur, que pendant le sommeil de l'âme ou de l'esprit.

Ecoutez cette page écrite par une pensionnaire :

« Je cherche un fardeau d'occupations qui ne laisse pas à ma tête le temps de travailler et à mon cœur ce'"i de regretter.

« Combien je vous bénis, mes bonnes maîtresses, de m'avoir inspiré ce besoin d'apprendre ! Si je me surcharge, je ne vous cache-
rai pas mon but : c'est d'éviter cette oisiveté
qui conduit au péché, et d'expier, par une vie
réglée et sérieuse, les fautes que j'ai commises
durant mon enfance et celles que je commets
tous les jours encore, malgré mes résolutions.
Tout cela me servira peu pour le monde, qui
se contente d'une dose d'instruction fort superficielle dans une femme ; mais c'est Dieu
que je désire, que je cherche, et je crois que
l'étude et l'application sont pour moi de vrais
moyens d'aller à lui. »

2° *Le travail adoucit la vie.* Le travail est
un devoir, et l'accomplissement de tout devoir apporte le bonheur.

Le travail est le gardien de l'innocence ;
or, l'innocence conservée est le plus sûr ga-
rant d'une vie douce et paisible.

Ce qui rend la vie dure, c'est l'ennui au-
dedans et le manque d'estime au-dehors.

Le travail éloigne l'ennui et amène l'estime
des autres.

Dieu, qui a voulu le repos comme l'activité, n'a permis au premier de soulager et d'être réellement senti qu'autant qu'il a été précédé par le travail.

Que de fois vous avez fait l'expérience qu'une récréation n'a de charmes qu'autant qu'elle a été gagnée !

3° *Le travail utilise la vie.* Etre utile ! ce mot, pendant l'enfance, éveille peu d'émotions ; on sent plus tard le bonheur qu'il procure.

Etre utile, c'est rendre à nos parents une partie du bien qu'ils nous ont fait.

Etre utile, c'est soulager la souffrance, se voir béni, se sentir aimé ; c'est enfin ressembler au bon Dieu.

Le travail nous procure tous ces bonheurs.

A votre âge, il sème et crée en dedans ; l'âge mûr verra développer ce qu'il a produit.

Si actuellement vous voulez ne rien acquérir, le travail que vous ferez plus tard, alors que vous en sentirez la nécessité, deviendra plus pénible ou restera souvent stérile.

Les chaleurs de l'été tombent inutilement sur le sol qu'on n'a pas ensemencé alors que les pluies de l'automne l'avaient amolli.

Si vous voulez avoir à donner, recueillez maintenant.

Si vous ne voulez pas être vide à l'heure où on vous demandera, remplissez maintenant votre intelligence et votre cœur : vous êtes à la source.

Les gens occupés sont des amis sûrs; ils n'ont guère le temps d'être curieux, ni de bavarder, ni de semer la discorde.

71. — Quel travail faut-il faire ?

Nous n'avons pas à parler du genre de travail auquel vous devez vous livrer : au pensionnat, on vous le trace; plus tard, les besoins de vos familles vous l'indiqueront.

Nous dirons seulement : Obéissez, soyez active, ne restez jamais sans rien faire.

Et si, devenue maîtresse de vos loisirs, vous êtes à vous demander : Que dois-je faire ? choisissez un travail qui absorbe suffisamment votre intelligence et captive votre esprit. *Plus d'études que de lectures;* plus surtout de *travail manuel utile,* de *travail de lingerie,* que de broderies plus ou moins délicates.

Ces petites merveilles fines et gracieuses, composées de fils artistement tressés, *ne sont pas une ressource dans le besoin;* elles demandent beaucoup de temps et se payent bien peu.

Elles ne sont pas une occupation suffisante, ni pour le cœur, ni pour l'esprit.

Pendant que la main et le regard sont seuls appliqués, l'esprit et le cœur se créent un monde à eux, où ils vont vivre, où leur arrivent mille aventures fantastiques que raconte à l'œil observateur qui l'étudie le visage de la jeune fille.

Le cœur s'est éloigné de la ruche où se fait le travail; il n'y rentrera pas sans quelque blessure.

Que de fois on entend ces paroles : *Le travail m'ennuie, je vais broder.* Eh bien ! oui, que la broderie soit pour vous une récréation; n'en faites pas votre occupation de tout le jour.

Et puis, petite fille de treize ans, songez que vous serez un jour la vieille femme de soixante, et que votre vue affaiblie ne pourra plus vous servir à compter les fils déliés d'une mousseline légère ; apprenez donc aujourd'hui de préférence cet art du *tricot* que l'on emploie à un grand nombre d'ouvrages utiles, et qui se fait avec la plus grande agilité et la plus grande perfection sans exiger l'usage des yeux.

72. — Comment s'acquiert l'amour du travail ?

L'amour du travail s'acquiert à force de travailler ; c'est le fruit du travail lui-même. Là surtout on peut dire que c'est le premier pas tout seul qui coûte.

Tout travail appliqué apporte sa joie d'abord, ensuite son habileté acquise ; qu'il soit assidu et constant, le succès ne fera pas défaut.

CHAPITRE DEUXIÈME.

L'OISIVETÉ.

73. — Qu'est-ce que l'oisiveté?

L'oisiveté est un désœuvrement habituel qui fait qu'on passe sa vie dans l'inutilité, les plaisirs et les divertissements, qu'on se hâte de finir la tâche obligée pour se livrer au repos.

« Il y a des créatures de Dieu, dit La Bruyère, dont toute la vie est occupée et toute l'attention réunie à scier du marbre; c'est très-peu de chose. Il en est beaucoup d'autres qui passent leurs jours à ne rien faire; c'est bien moins que de scier du marbre. »

Ce sont les oisifs.

Ne rien faire et ne pas même sentir la volonté de faire quelque chose, c'est de la paresse, vice hideux dont nous n'avons pas heureusement à nous occuper, espèce de paralysie volontaire de l'âme, qui ne laisse vivre que par les sens, éloigne de nous toute sympathie, et laisse peu d'espoir de salut à l'âme qui s'y laisse entraîner.

Ne rien faire par nonchalance, mais avec le désir vague de travailler plus tard, c'est de l'oisiveté.

L'oisiveté est moins hideuse que la paresse; elle n'est pas moins coupable, puisqu'elle mène au même résultat; mais elle flatte l'imagination par de vains désirs, et ne fait pas, comme la paresse, rougir celui qui s'y abandonne.

74. — Effets de l'oisiveté. L'oisiveté damne.

I. L'oisiveté damne l'âme quand elle fait le fond de la vie. Ouvrez l'Evangile : « Tout arbre qui ne porte pas de bons fruits sera coupé et jeté au feu. Depuis trois ans, je

viens chercher du fruit à cet arbre, dit Jésus-
Christ, et je n'en trouve pas; coupez-le : pourquoi occupe-t-il encore la terre?

« Ce serviteur est inutile; jetez-le dans les
ténèbres où il y a des grincements de dents. »

Ces paroles sont précises. Vous êtes oisive,
vous ne faites fructifier ni votre intelligence
ni vos mains : l'enfer vous attend.

Cette punition est terrible; vous la méritez
parce que vous manquez le but de votre existence.

La plante née sur le bord du chemin ouvre
son calice à l'abeille qui vient y puiser son
miel, puis le ferme pour produire des graines
qui nourriront les oiseaux du ciel, tandis que
sa feuille servira de pâture aux petits agneaux.

A leur tour, l'abeille donne son miel, l'oiseau son duvet, l'agneau sa toison.

Tous les êtres ont leur utilité; ils donnent
tous à l'homme, l'homme doit donner à Dieu
et à ses frères.

Ne pas le faire, c'est rompre volontairement
cette chaîne harmonieuse qui lie à Dieu la
création tout entière, c'est détruire l'œuvre
de Dieu, c'est se rendre coupable.

Et remarquez que Jésus-Christ repousse le serviteur inutile non pas pour avoir dissipé son talent, mais pour l'avoir enfoui.

75. — L'oisiveté dégrade.

II. L'oisiveté, coupable envers Dieu, est pour l'âme une cause de dégradation; elle est la mère de tous les vices, dit un proverbe.

1° Elle énerve l'âme, ôte au caractère sa vigueur, à l'esprit sa pénétration, et au cœur, qu'elle rend incapable d'aimer, toute sa fraîcheur primitive.

Voyez l'effet que produit sur le corps un repos nonchalant trop prolongé : on peut à peine se traîner, et les membres semblent comme désossés.

2° L'oisiveté pousse avec violence aux divertissements frivoles, à la recherche des émotions coupables, et remplit l'intelligence de ces petits riens qui la laissent toute la vie légère et futile.

La jeune fille oisive, quels que soient plus tard son âge et sa position, ne saura voir que deux faces dans la v'e : *s'ennuyer* ou *s'amuser*.

L'oisiveté détruit la santé et ravage bientôt les agréments extérieurs. « Pourquoi, demande un moraliste, pourquoi tant de femmes de vingt-cinq à trente ans si nerveuses, si moroses. et si tristes ? Ah ! c'est qu'elles sont exposées aux ravages d'une vie inutile ; elles sont accoutumées à ne rien faire, et le rien-faire amène le malaise ou la destruction du corps et du cœur, comme le manque d'exercice fait naître sur l'acier la rouille qui le ronge. »

CHAPITRE TROISIÈME.

LE RESPECT.

76. — Qu'est-ce que le respect?

Le respect est un sentiment de vénération, de déférence et de soumission qu'on a pour quelqu'un à cause de son excellence, de sa qualité ou de son âge.

Le respect est comme le souvenir réfléchi de ce qu'il y a de *divin* en soi et dans les autres.

N'avez-vous pas remarqué que, poussée par un instinct dont vous ne vous rendez pas compte, quand vous voulez faire le mal, vous vous cachez non seulement aux autres, mais encore à vous-même, soit en fermant les yeux, soit en choisissant l'heure de la nuit?

Pourquoi ? C'est que vous savez qu'il y a en vous, comme chez les autres, quelque chose de plus grand que vous, que vous ne voulez pas voir, et ce quelque chose qui fait la dignité humaine, c'est l'*image de Dieu*.

Aussi le respect est plus que l'estime, plus que la déférence, plus que la soumission ; le premier mot de notre définition peut seul rendre ce qu'il exige : *la vénération.*

Vous avez vu autour de l'image des saints une auréole qui semble s'échapper de leur figure en rayons lumineux pour faire modestement baisser le regard devant ces traits sanctifiés par la vertu ; c'est un emblème du rayonnement de la Divinité qui s'échappe de l'âme de toute créature.

Que de fois le méchant s'est vu subitement arrêté au moment où il allait profaner l'âme d'un enfant, ébloui et repoussé par une force inconnue !

77. — Nécessité du respect.

Le respect est le lien de la société temporelle, domestique et spirituelle ; il suffit à lui seul pour inspirer toutes les vertus.

S'agit-il de Dieu? respectez son nom, son temple, sa parole : le respect, c'est la religion tout entière.

S'agit-il des autres ? respectez leur honneur, leur âme, leur vertu : le respect, c'est l'amitié, c'est l'innocence, c'est le dévouement.

S'agit-il de vous-même ? respectez-vous aussi. Qu'est-ce que la candeur, si belle et si pure sur votre front, jeune fille, si noble dans le regard de l'âge mûr, si vénérable sous les cheveux blanchis du vieillard, sinon le sentiment du respect pour soi-même?

Aussi, ajoute Mgr Dupanloup, quand Jésus-Christ voulut frapper du trait le plus énergique de sa parole divine un homme profondément dépravé, le Maître céleste ne sut dire de lui que ces mots : *C'est un homme qui ne respecte ni Dieu ni les hommes.*

Ah! quand on en vient là, nul ne sait les bassesses intellectuelles, morales et physiques auxquelles il est donné d'atteindre.

78. — Qui faut-il respecter?

Dieu d'abord et tout ce qui tient à son culte ;
Les princes, les magistrats et tous ceux qui

sont revêtus d'une fonction civile, parce que toute autorité vient de Dieu;

Les parents ensuite, parce qu'ils sont pour nous les représentants de Dieu sur la terre, et qu'ils ont reçu de Dieu une large part de sa bonté, de sa sollicitude, de son amour.

D'où vient que l'enfant innocente, qui sait si bien sentir l'amour que sa mère a pour elle, ne peut se rendre compte du sentiment qu'elle éprouve quand elle est à ses côtés ? Elle aime sa mère, mais d'une autre manière qu'elle aime sa sœur ou son amie. Elle aura peut-être pour sa sœur quelques unes de ces paroles railleuses qui ne ternissent pas l'affection, tant elles sont légères; d'où vient qu'elle n'aura pas même la pensée de sourire de sa mère?

C'est qu'elle subit l'influence de la présence plus directe et de l'autorité de Dieu; c'est que son affection devient plus forte, appuyée sur le respect.

Il y a quelquefois pour ceux qu'on aime des abaissements bien terribles : un père, une mère peuvent tomber avec l'âge dans les faiblesses intellectuelles et morales les plus humiliantes. Oh! c'est alors qu'un enfant leur doit un respect plus tendre et plus profond.

Le malheur rend plus vénérable, et pour sa fille un père ni une mère ne peuvent jamais avoir tort.

79. — Respect pour les maîtresses.

Respectez vos maîtresses, parce que, si vos parents reflètent pour vous la bonté de Dieu, vos maîtresses sont les dépositaires de sa sagesse.

Les soins donnés à la jeunesse apportent deux choses : *l'amour et la peine;* l'amour reste à la mère, la maîtresse recueille la peine.

Elle ne s'en plaindra pas, elle l'a choisie elle-même, et, s'il le faut, elle renoncera à la reconnaissance qui lui est due, parce que ce bonheur lui appartient; mais elle ne peut vous dispenser de respecter son autorité : c'est l'autorité de Dieu.

On connaît les paroles de Fénelon au duc de Bourgogne, son élève, qui, dans un accès de colère, lui disait : « Non, monseigneur, je n'obéirai pas; je sais qui je suis et qui vous êtes. »

Le précepteur laissa le coupable une journée entière, et le lendemain il lui dit : « Je suis plus que vous, monsieur : la naissance n'ajoute rien au mérite; vous ne savez que ce que je vous ai appris, et ce que je vous ai appris n'est rien comparé à ce qui me reste à vous apprendre. »

Ce n'était pas fierté dans Fénelon, c'était sentiment de sa dignité; le petit-fils de Louis XIV le comprit.

80. — Respect pour les vieillards et les pauvres.

La vieillesse, le malheur, ah ! que ces mots font mal, quand celui qui les prononce ne sait pas voir au ciel l'ange de l'espérance chrétienne, et qu'il marche sans appui au milieu d'une société qui s'écarte pour le laisser passer, de peur d'en être souillée !

Aux yeux de cette société, la première est une ruine qui s'agrandit chaque jour et annonce la destruction ; le second, une plaie qui fait horreur et qu'on repousse parce qu'elle empêche les plaisirs.

Et cependant ne sentez-vous pas, vous bonnes et vertueuses, ne sentez-vous pas, à la vue d'un vieillard ou d'un pauvre, non seulement un sentiment de pitié, mais encore un sentiment de vénération émouvoir votre cœur ?

C'est que rien sur la terre ne commande plus religieusement le respect que les cheveux blancs et la douleur.

Il y a dans l'un et dans l'autre quelque chose de divin. C'est la pensée de Bossuet lorsqu'il parlait *de ce je ne sais quoi d'incomparable et d'achevé que le malheur ajoute à la vertu.*

Serait-ce que le corps tombant en lambeaux et s'en allant pièce à pièce comme les murs d'un vieil édifice, laisse l'âme, image de Dieu, plus visible et plus resplendissante ?

Respectez les vieillards, respectez les malheureux ; ils vous béniront, et leur bénédiction porte toujours bonheur.

Si vous éprouvez, en les voyant, un sentiment de mépris, sondez votre âme : vous y trouverez au fond un vice qui va l'envahir.

81. — Respect pour les compagnes.

Respectez vos compagnes, respectez-vous vous-même, qui avez le bonheur d'être enfant, bonheur, hélas ! qu'on n'apprécie que lorsqu'on l'a vu disparaître, et qui arrachait au cœur d'un jeune poète ces vers si pleins de larmes :

Quoi ! passés pour jamais ! Rendez-les-moi, mon Dieu !
Rendez-moi le soleil de cette calme aurore ;
Rendez-moi le berceau qui me vit naître au jour,
Que ma mère endormait avec un chant sonore,
Que ma mère éveillait avec un chant d'amour.
Rendez-moi, rendez-moi ce qui ne peut se rendre,
Cette paix de mon cœur que je ne connais plus...

  .   .   .   .

L'enfant, c'est un ange envoyé à sa mère pour la préparer aux joies du ciel.

L'enfant, c'est une plante frêle et délicate qui doit devenir un grand arbre chargé de tous les fruits de vertu.

L'enfant, c'est une fleur près d'éclore et qui doit embaumer une existence entière.

L'enfant, c'est la créature bien-aimée du bon Dieu.

Eh bien! *le manque de respect* détruit tout cet avenir, tue cet ange, brise cette plante, arrache cette fleur, souille cette image du bon Dieu.

Malheur à celle que l'enfer a chargée de cette œuvre de destruction!

Anges gardiens des enfants, couvrez-les de vos ailes; cachez-les, cachez-les aux regards des démons et à la funeste amitié de leurs compagnes méchantes.

CHAPITRE QUATRIÈME

LA MOQUERIE.

82. — Qu'est-ce que la moquerie?

La moquerie est une dérision qui marque le mépris qu'on a pour quelqu'un.

Elle se manifeste :

Par des *paroles* quelquefois spirituelles, le plus souvent grossières et toujours méchantes ;

Par des *gestes grotesques* imitant la manière de marcher ou d'agir, dans le but d'exciter l'hilarité aux dépens de la victime ;

Par un *regard dédaigneux* ou même un *silence affecté,* qui semble indiquer que l'on compte pour rien ceux qui entourent.

La moquerie est toujours coupable, de quel-

que part qu'elle vienne; elle l'est encore plus
'? „part d'un enfant qui a besoin de tout le
monde.

83. — Sources de la moquerie.

La moquerie provient :

1° *De l'orgueil.* La jeune fille qui se moque
se pose tout de suite au-dessus des autres, et
prend un petit air d'autorité qui semble lui
permettre d'inspecter toutes les personnes qui
passent devant elle. Elle trouve à redire à tout :
la démarche, la figure, le caractère, l'âge, la
toilette; comme si rien, dans sa personne à
elle, ne prêtait au ridicule.

Il lui semble que rire et faire rire d'autrui,
c'est vanter sa propre excellence.

2° *De l'étourderie.* L'étourderie imprévoyan-
te, sans tact, quelquefois par démangeaison de
parler, d'autres fois pour ne pas laisser échapper l'occasion de montrer son esprit, dit ce qui
la frappe sans songer qu'elle va peiner, répète
ce qu'elle a entendu; et ce sont des indiscrétions, des paroles sans malice peut-être, mais

qui laissent des blessures profondes. Que de familles brouillées par la moquerie échappée à une enfant étourdie !

3° *D'un esprit petit et ordinairement jaloux.* C'est surtout lorsque la moquerie tombe sur une compagne plus intelligente, plus sage, mais un peu timide.

La moquerie est la seule ressource qui reste à la médiocrité pour se venger de la vertu.

Quand un sauvage ne peut atteindre à la hauteur d'un arbre pour en avoir le fruit, il le coupe par la base ; la jeune fille vaine qui ne peut atteindre à la renommée d'une autre cherche à abaisser sa compagne par des morsures semblables à celles du ver qui rampe sur la terre.

En France, dit un philosophe, la moquerie n'est exercée que par des têtes vides d'idées ; elles ne savent que siffler.

4° La moquerie vient enfin *d'un mauvais cœur.* Elle cause toujours à la personne qui en est l'objet une peine plus ou moins vive. La moqueuse le sait, et, loin de l'arrêter, cette connaissance l'excite à redoubler ses paroles mordantes, et il y a même dans son regard

une joie méchante en voyant sa pauvre victime atterrée.

Se moquer avec art, sacrifier une amie plutôt qu'un bon mot, ce n'est pas de l'esprit,
c'est de la méchanceté.

Un cœur innocent et bon prend en pitié,
aime davantage ceux qu'un défaut extérieur,
par exemple, humilie et attriste.

84. — Effets de la moquerie.

Le premier effet de la moquerie est d'inspirer de l'*antipathie;* or, l'antipathie pousse à
laisser isolée celle qui l'inspire.

Vous êtes moqueuse; ne comptez jamais sur
une amie dévouée.

Vous êtes moqueuse; n'allez jamais demander la protection de quelqu'un.

Et sans amie, sans protection, que devien-
drez-vous ?

Il y a certaines plantes dont l'odeur infecte
met en fuite les oiseaux du ciel, qui ne reposent jamais à leur ombre; la moquerie produit
cet effet sur les cœurs

On rira peut-être des saillies qui vous échapperont, vous en serez flattée; on vous craindra peut-être, mais, soyez-en sûre, on ne vous aimera pas.

Deuxième effet. La moquerie est un de ces vices qui s'attache à l'âme, grandit, se fortifie avec elle, et finit, comme les plantes parasites, par l'envelopper tout entière et la dessécher complètement.

A dix ans, on se moque des pauvres, de ses compagnes, d'une domestique.

A douze ans, la moquerie tombera sur des amies de la famille, sur des personnes respectables mais inconnues, sur des maîtresses dévouées.

A quinze ans, elle ira jusqu'à répandre son rire méchant sur des parents infirmes ou âgés; puis qui épargnera-t-elle?

85. — Remède à la moquerie.

Il faut une volonté bien forte pour se corriger de la moquerie, parce que c'est un défaut qu'on aime chez soi, tout en le détestant chez les autres.

P. V.

10

On n'y parvient qu'en retranchant les cau
ses, l'orgueil, l'étourderie ; surtout en se ren-
dant *bien bonne* par des actes répétés de bien-
faisance.

N'oublions pas que la moquerie, qui n'ose
s'attaquer directement qu'à ceux qui sont timides et faibles, est une bassesse. Eh quoi !
parce que vous avez de l'intelligence, de l'esprit, des connaissances, vous profitez de ces
avantages pour insulter celles qui sont moins
bien douées et qui certainement mérite-
raient de l'être plus que vous ! C'est plus
que de la bassesse, c'est de la lâcheté.

CHAPITRE CINQUIÈME.

LA DISCRÉTION ET L'INDISCRÉTION.

------

86. — En quoi consiste la discrétion?

La discrétion consiste :

1° *A savoir se taire et garder un secret.*
On dit qu'un homme est plus fidèle au secret d'autrui qu'au sien; qu'une femme, au
contraire, garde le sien mieux que celui des
autres. Réunir, sans en avoir le défaut, la vertu
de l'un et celle de l'autre, c'est la discrétion.

2° *A ne point chercher à voir ou à entendre
ce qu'on veut cacher.* C'est alors curiosité con-
damnable; si l'indiscrétion vient s'y joindre,
c'est un de ces actes qu'on ne saurait trop
flétrir.

3º Enfin *à ne pas faire des questions qui puissent embarrasser ceux à qui on les fait.* C'est ou malice ou manque de tact.

87. — Effets de la discrétion.

La discrétion inspire la confiance, et on peut dire de l'enfant discret que tout le monde voudrait l'avoir pour ami. C'est que cette qualité ne se rencontre jamais qu'avec une raison droite, un jugement sûr, un tact exquis

La discrétion peut être appelée *la perfection humaine,* et dire d'une jeune fille qu'elle est discrète, c'est presque dire qu'elle est accomplie.

Elle met à l'aise ceux qui l'entourent, et, les assurant contre toute importunité, elle les allége d'un des plus lourds fardeaux de la vie, *celui de se contraindre sans cesse.*

Les anciens avaient fait une déesse de la discrétion : sa statue, dont les lèvres étaient scellées, s'élevait dans le temple de la Joie : gracieux symbole du résultat de cette vertu.

La semence qui demeure ensevelie dans le

sein de la terre montre au-dehors une tige fleurie; le secret caché dans le cœur le couronne des fleurs de l'amitié.

Le bonheur de se faire aimer dépend de la manière de conduire sa langue.

88. — La discrétion est-elle le mystère?

La discrétion n'est pas le mystère.

En faire sur des bagatelles, *c'est petitesse d'esprit;* sur des choses sérieuses, *c'est dangereux,* parce que la curiosité est aiguillonnée, et qu'ainsi provoquée, il est rare qu'elle ne parvienne à savoir ce qu'on veut lui cacher.

Une personne mystérieuse apporte toujours l'ennui avec elle, cet ennui qui attaque les nerfs et pousse presque à la haine.

La discrétion exige qu'on agisse absolument comme si on ne savait rien, sans laisser même soupçonner qu'on sait quelque chose.

89. — Comment manque-t-on à la discrétion?

Le nombre des indiscrétions qui se commettent en paroles ou en actions est presque infini.

La définition donnée dès les premières lignes laisse supposer une foule de cas pratiques; en voici quelques uns :

C'est une indiscrétion de toucher à tous les objets qui sont sous la main et qui né nous appartiennent pas, de lire surtout une feuille écrite qu'on rencontre dans une chambre étrangère.

C'est une indiscrétion de parler à quelqu'un des défauts qu'on a remarqués en lui, de ses difformités, ou des fautes commises par un membre de sa famille; de déprécier devant quelqu'un la position qu'il occupe; de blâmer son goût, ou de vanter, comme plus beaux que ceux qu'il possède, des objets semblables qu'il ne peut avoir.

On risque d'être indiscret enfin chaque fois

qu'on ne sait pas maîtriser l'ardeur de sa langue, et c'est une tâche difficile que celle-là.

La mobilité de son imagination, l'impressionnabilité de ses nerfs rend la jeune fille plus expansive que tout autre. Aussi que de fautes, que de déceptions dans chacune de ses journées, si elle n'a pas beaucoup de jugement! et qu'il est nécessaire de lui répéter souvent cet axiôme si connu : *On ne se repent jamais de s'être tû, on regrette souvent d'avoir parlé.*

Mme Necker a osé dire : « Voulez-vous faire prévaloir une opinion ? adressez-vous aux femmes; elles la reçoivent aisément, parce qu'elles sont ignorantes; elles la répandent facilement, parce qu'elles sont légères; elles la soutiennent longtemps, parce qu'elles sont têtues. »

Nous ne croyons pas à cette parole méchante, pas plus qu'à cette autre d'un moraliste : « Si vous voulez propager une nouvelle, confiez-la en secret à une jeune fille. »

Nous ne les citons que sous forme d'avis.

90. — Causes de l'indiscrétion.

La première cause de l'indiscrétion, la cause la plus commune, c'est *l'étourderie*, qui ne réfléchit jamais, dit tout ce qu'elle sait ou tout ce qu'elle pense pour le seul plaisir de le dire, et tourmente avec importunité pour apprendre ce qu'on veut lui cacher.

La deuxième cause est *le jugement faux ou mal formé*, qui empêche de voir le moment où on commence à devenir fatigant, la portée de la parole qu'on prononce ou de la révélation que l'on fait, et qui ne comprend que trop tard la gravité de la blessure causée par son babil et son manque de tact.

La troisième cause est, chez les jeunes filles surtout, *le besoin d'attirer l'attention*.

Elles se plaisent à raconter, quelquefois en l'amplifiant, ce qu'elles ont entendu, ou mieux deviné, et croient par là se poser au-dessus des autres.

Savoir la première une nouvelle encore ignorée, l'apprendre la première à tout le monde, c'est pour quelques étourdies le suprême bonheur.

Epier les intentions, les démarches des autres pour avoir l'air de deviner ce qu'elles veulent faire, c'est l'occupation d'un grand nombre.

Le mystère dont nous avons parlé entre aussi pour une grande part dans les occupations de la jeune vaniteuse. *Elle sait tout* sur le compte de chacune de ses compagnes et de ses maîtresses, mais ne dit que des mots voilés. Par là elle se fait rechercher, aduler par de petites curieuses comme elle; elle est au comble de la joie quand on dit qu'elle est *la mieux informée.*

91. — Effets de l'indiscrétion

1° L'indiscrétion peut diviser et rendre ennemis des cœurs faits pour s'aimer. Quel regret pour toute la vie! quel remords d'avoir à se dire : Ces deux personnes se haïssent, j'en suis la cause.

2° Elle jette la discorde dans les familles;

Là surtout l'indiscrétion est terrible, parce que les membres, ne pouvant se fuir, sont obligés de vivre dans une appréhension continuelle.

3° Enfin, et c'est peut-être le plus petit inconvénient, elle fait chasser de toutes les sociétés l'enfant qui est indiscrète; on la craint autant qu'on la méprise.

La jeune fille qui a ce défaut semble porter sur son front ces mots écrits : *Gardez-vous de moi, je vais vous compromettre.*

CHAPITRE SIXIÈME.

L'ORDRE.

92. — **En quoi consiste l'ordre, et quels sont ses effets dans l'âme?**

L'ordre consiste :

1° A faire chaque action à son heure ;

2° A donner une place convenable à chaque chose et à la remettre toujours à cette place.

L'ordre est une qualité qui suppose dans l'âme beaucoup de vertus.

Une personne d'ordre est bien près d'être une sainte.

L'extérieur est ici surtout l'image de l'intérieur, et si l'ordre n'est pas le résultat de la paix de l'âme, il y conduira certainement.

Le calme entre dans l'esprit et y demeure, lorsqu'on n'est entouré que d'objets bien casés et d'usages régulièrement établis.

« Si j'avais encore la folie de croire au bonheur, disait Châteaubriand, je le chercherais
dans l'habitude et dans l'ordre. »

Voyez la joie innocente que cause à la jeune
fille l'aspect de sa chambre où rien ne traîne,
où chaque meuble occupe la place qui lui con-
vient, la joie surtout que lui donne une journée bien remplie.

Chacun de ses actes, fait à l'heure voulue et
avec l'intention demandée, brille à son regard comme une perle que les anges ont ar-
rangée en couronne, et qu'ils vont pendant
son sommeil déposer sur son front.

La jeune fille a l'instinct de l'ordre, tout
arrangement que le bon goût a dirigé va à sa
nature, elle l'aime, mais, disons-le bien bas,
quand une main bienveillante lui en a épargné le travail.

93. — Avantages de l'ordre.

1° *L'ordre soulage la mémoire.* Sans ordre,
la mémoire se surcharge de travaux à faire, de
projets à exécuter, de devoirs à remplir, dont
le souvenir confus ressemble à ces écheveaux
de fil que la main turbulente d'une étourdie

embrouille à plaisir ; on ne sait par où com-
mencer, et on reste toujours dans l'agitation.

Une enfant sans ordre est sûre d'avoir, à
la fin de la journée, une longue liste de devoirs
importants qu'elle aura oubliés.

L'oubli ne peut être excusé quand il devient fréquent, et cette parole : *Je n'y ai pas
songé*, mérite un double reproche, et pour l'action qu'on aurait dû faire, et pour l'oubli lui-
même, qui vient du manque d'ordre.

2° *L'ordre ménage le temps.* Or, qui ménage le temps ménage sa vie ; car *le temps est
l'étoffe dont la vie est faite.*

Si rien n'est à sa place, comment trouve-
rez-vous l'objet nécessaire quand il faudra
l'employer ? Les heures s'écouleront à chercher
les matériaux de votre travail, et quand vous
aurez enfin tout réuni, vous devrez vous occuper d'un autre devoir.

Aussi la jeune fille sans ordre n'a jamais le
temps nécessaire pour remplir *tous ses devoirs.*

Avez-vous remarqué la quantité d'objets
que peut contenir une armoire quand chaque
objet est à sa place et que toutes les places sont
pleines ? Les heures sont comme des *cases* pra-

tiquées dans la journée pour recevoir nos actions. Oh! que d'actions on peut mettre dans chacune d'elles, si on n'en laisse envoler aucune sans la remplir!

Temps perdu, travail nécessaire ou laissé totalement ou fait avec négligence, et cela *tous les jours,* quel total effrayant de devoirs omis et de connaissances non acquises dont vos parents d'abord et Dieu ensuite vous demanderont compte!

N'oublions pas ce proverbe : « Le temps laissé au hasard est une bourse pleine d'or vidée dans un abîme sans fond. »

3° *L'ordre rend le travail plus prompt et plus facile.* Chaque occupation a sa peine et son plaisir aussi, et on peut dire de chacune d'elles comme des fruits délicats : Il n'y a qu'un moment pour les cueillir; trop tôt, la maturité n'est pas complète; trop tard, ils ont perdu leur saveur.

Voulez-vous qu'un travail vous plaise? Faites-le dès que l'heure est venue.

Puis le travail semble se multiplier sous la main de la jeune fille soigneuse, qui a toujours près d'elle tout ce qui lui est nécessaire. On dit qu'une fée vient en aide à certaines ouvrières laborieuses qui étonnent leurs compagnes par l'agilité de leurs doigts; on a raison.

Cette fée s'appelle *l'ordre*.

4° *L'ordre conserve les choses*. L'ordre produit la propreté et l'économie, et nous verrons bientôt la vérité de cet axiôme populaire : *Avec ces trois vertus : ordre, propreté, économie, on fait un palais de la cabane du pauvre.*

Comme on estime la femme de qui on peut dire : C'est une femme d'ordre ! Elle vaut mieux qu'un trésor, dit Fénelon, et sans elle l'aisance est impossible dans la famille.

C'est la providence du foyer domestique, et on dirait que sous son souffle, comme sous celui du printemps, les objets flétris par un long usage rajeunissent et procurent encore un doux bien-être qu'on n'attendait pas.

94. — Objets qu'embrasse l'ordre.

L'ordre embrasse surtout : 1° la toilette et les soins domestiques ; 2° l'accomplissement des devoirs du cœur.

Nous ne pouvons donner que des indicaous sommaires ; l'exemple des personnes qui vous entourent en apprendra plus que toutes les paroles.

1° L'ordre demande un costume toujours propre et complet, plutôt simple que trop éclatant, ne se distinguant du costume des autres que par sa simplicité, mais toujours avec cette élégance sans affectation que le bon goût approuve et qui plaît sans qu'on s'en rende compte.

La fraîcheur des vêtements est une condition de leur élégance.

Ce qu'on appelle *négligé du matin ou de tous les jours* n'a ce nom que par opposition à la toilette plus soignée, réservée pour les jours de fête et les visites.

N'inventons pas les modes, mais quand elles sont à peu près répandues autour de nous et qu'elles n'ont rien d'inconvenant, ni pour la modestie chrétienne, ni pour notre position sociale, suivons-les simplement.

Il y aurait presque aussi peu de sagesse à affecter un vêtement qui n'est plus porté qu'à mettre, des premières, un vêtement de forme nouvelle. C'est dans ce sens qu'on a pu dire : « Les fous inventent les modes, les sages les suivent. »

S'il vous semble que votre tenue vous rend plus aimable, pourquoi ne voudriez-vous pas l'être toujours ?

2° L'ordre veut une chambre que l'œil parcoure sans éprouver une sensation désagréable, soit à cause de la poussière qui obscurcit les meubles, soit à cause de l'entassement des objets ; une chambre dans laquelle on ne voie pas, sur les chaises tournées elles-mêmes dans tous les sens, des vêtements, par exemple, qui devraient être pliés et renfermés.

L'ordre veut que l'intérieur des armoires soit arrangé de manière à ce que le linge puisse être facilement sorti, et que ce linge lui-même, toujours compté et sans déchirure, ait sa place bien désignée.

Que chaque chose enfin soit à l'endroit le plus commode, remise à sa place dès qu'elle a servi, et qu'elle ne reste jamais ni détériorée, ni en lambeaux.

3° Vous vous accoutumez à être négligente pour vos vêtements ; votre bureau est sans ordre, vos mains et vos cahiers sont pleins de

taches d'encre, vos livres salis. Le mal ga-
gnera votre cœur, et vous oublierez ces *minu-
ties* affectueuses, qui cependant seules peut-
être vous rendaient aimable.

Pourquoi, par exemple, faut-il rappeler à
l'enfant insouciante cet acte si doux au cœur,
si simple en apparence, et que les mères n'o-
sent plus demander quand elles sentent qu'on
l'oublie : ce délicieux bonjour du matin, ce
bonsoir de la nuit, qu'accompagnait toujours
une caresse, et qu'on regrette plus tard de ne
pouvoir plus donner?

4° L'ordre exige qu'on ne laisse jamais
sans réponse une lettre qu'on a reçue, même
ces petites lettres d'amitié qui font tant de
bien quelquefois et qui empêchent presque le
cœur de mourir, comme une goutte d'eau empêche la plante de se dessécher.

Qu'on profite de toutes les occasions pour
se montrer reconnaissante, le premier jour de
l'an, la veille d'une fête, et qu'on sache deviner ces prévenances, ces soins qu'une jeune
fille trouve tout naturellement dans son
cœur.

Encore une fois, nous ne pouvons qu'indiquer; retenons bien que ce ne sont pas les grands actes de vertu, mais les petites actions de tous les jours qui font le bonheur de la vie.

95. — L'ordre est-il la routine?

L'ordre n'est pas la *routine* ni la *minutie*, il est intelligent et raisonné; or, faire une chose de telle manière et à telle heure parce qu'on l'a toujours faite ainsi, c'est un ordre matériel, tel qu'on le voit dans le nid de l'hirondelle et la cellule de l'abeille.

Il faut savoir rompre ses habitudes quand la raison l'exige, et déranger une chose de sa place accoutumée quand la charité ou même la complaisance le demande.

Nous ne parlons pas du *désordre*, qui est la confusion dans l'intelligence, dans l'âme, dans le cœur, dans les objets matériels, et qui a pour résultats l'ennui, l'impatience, la pauvreté et le mépris.

CHAPITRE SEPTIÈME.

L'ÉCONOMIE.

96. — En quoi consiste l'économie?

L'économie n'est autre chose que *la mesure et l'ordre dans les dépenses.*

Elle consiste, dit un vieil axiôme, à savoir user des choses sans en abuser, à épargner sans se montrer avare, à ménager pour avoir assez, à conserver enfin pour avoir toujours.

Il n'est peut-être pas de qualité plus recommandée que l'économie. Ecoutez ce que disent les proverbes populaires, si justement appelés *la sagesse des nations :*

« Le travail chasse la misère ; l'économie l'empêche de revenir.

« Un peu répété plusieurs fois fait beaucoup.

« Les petites dépenses amènent la ruine.

« Celui qui achète le superflu vendra bientôt le nécessaire.

« Un sou épargné est un sou gagné.

« Les enfants et les fous s'imaginent que vingt francs et vingt ans ne finissent jamais.

« Veux-tu être riche ? dépense un sou de moins que ce que contient ta bourse. »

Retenez ces paroles pleins de sens ; elles valent chacune de longues pages d'éloquence.

97. — Avantages de l'économie.

L'économie est la qualité par excellence des femmes ; quand elle existe dans l'âme gardée et dirigée par la piété, elle attire bientôt toutes les autres qualités qui font le charme de l'intérieur d'une famille.

La femme sagement économe, qui connaît

ce que vaut l'argent et sait aussi le dépenser à propos, est :

1° *Une femme d'ordre*, qui équilibre la dépense et les recettes, sait se mettre à l'abri de la pauvreté, et même a toujours pour les fêtes quelque agréable surprise à faire à sa famille.

2° *Une femme prévoyante*, qui pense à l'avenir sans rien enlever au présent, et accomplit, dans l'intérêt de ceux qu'elle aime, des sacrifices inconnus sans doute, mais bien plus méritoires devant Dieu que les actes de dévouement éclatant.

3° *Une femme d'une exquise propreté*, qui ne se refuse pas les ornements de bon goût, destinés à embellir, et qui sait par là rendre sa personne et sa demeure toujours attrayantes.

4° *Une femme qui aime le travail* et par conséquent la vertu : l'un ne va pas sans l'autre. Le sourire habituel de ses lèvres indique la joie de son cœur ; et, certes, comment ne serait-elle pas heureuse ? elle donne le bonheur à tous.

5° *Une femme enfin à qui aucun détail du ménage n'est étranger*, qui peut faire par elle-même, ou diriger au moins, les travaux de la ferme et ceux de la maison.

C'est à elle que s'appliquent ces paroles de l'Ecriture sainte : « Elle est plus précieuse que les diamants venus de l'extrémité du monde. On peut mettre sa confiance en elle ; celui qu'elle protége ne manquera de rien. »

Chaque jour la femme économe sème un profit pour le jour qui va suivre.

Elle ne dédaigne rien ; elle amasse, mais sans affectation, ces mille petits riens, lambeaux d'étoffes, restes de rubans, linges vieillis, qui traînent dédaignés, et trouve toujours à en tirer parti ou pour le ménage ou pour les pauvres. On dirait de ces petites graines desséchées qui, placées dans une bonne terre, donnent des fleurs et des fruits.

Tout fructifie en effet dans ses mains : aussi l'aisance l'environne, les personnes les plus étourdies l'admirent sans avoir le courage de l'imiter ; tous ceux qui l'entourent l'aiment, et les pauvres la bénissent, parce qu'ils savent bien que nul ne lui tend jamais la main sans recevoir une aumône.

98. — Conseils pratiques.

Il y a peu de conseils généraux à donner sur l'économie, et les détails entreraient à chaque pas dans ce qu'on appelle *la science du ménage.*

Nous nous bornerons à quelques conseils pratiques.

1° N'avez-vous pas remarqué comment certaines dépenses dirigées de manière à ne faire ni honneur ni profit laissaient l'âme pleine de regrets, celles, par exemple, faites pour contenter votre gourmandise ou votre vanité; comment d'autres faites sans réflexion, par entraînement, étaient aussi inutiles que fantasques, et ne produisaient aucune satisfaction?

Un objet vous a paru être à bon marché; vous vous êtes aperçue le lendemain qu'il ne valait rien.

Tel autre vous semblait indispensable avant de le posséder; dès que vous l'avez eu, il vous a embarrassée.

Vous avez dépensé votre argent sans raison, par caprice, et quand une fête s'est présentée, exigeant une légère contribution ;
quand une bonne œuvre est venue réclamer
votre charité, vous avez rougi de ne pouvoir
participer ni à l'une ni à l'autre.

Que de regrets, que de déceptions, que de
dépenses vous aurait épargnés un peu d'économie !

2° Accoutumez-vous dès maintenant à
vous rendre compte par écrit de la manière
dont vous dépensez l'argent qu'on vous donne
pour vos menus plaisirs. Une mère n'envoyait
jamais de l'argent à sa fille avant d'avoir reçu
le relevé exact de l'emploi que l'enfant avait
fait de la somme précédente. Il y avait là
beaucoup de sagesse.

Cette petite comptabilité, si facile, vous ac-
coutumera à une tenue de livres plus sérieuse
et indispensable plus tard.

Méfiez-vous de vos premières impressions
pour l'achat d'un objet : ce n'est souvent
qu'un caprice que la possession changera en
dégoût.

N'achetez que le lendemain l'objet dont

vous avez envie, et qui n'est pas absolument
nécessaire.

Ayez toujours provision abondante de toutes ces menues choses actuellement à votre
usage pour travailler : fil, aiguilles, papier.
N'attendez jamais le dépérissement entier d'un
objet pour vous en procurer un autre.

Rendez-vous à vous-même tous les services
que vous pouvez : c'est le moyen d'être mieux
servie et d'apprendre une foule de détails
qu'il est honteux d'ignorer.

Assistez, autant qu'il vous sera possible,
aux ventes, aux achats, même aux travaux
de la cuisine; demandez des explications, essayez de vous rendre compte et d'agir quelquefois vous-même.

N'oubliez pas ce mot de Fénelon : « Les
femmes restées étrangères au maniement de
l'argent sont, par ignorance, d'une prodigalité
folle ou d'une avarice sordide. »

Rien n'est si sot de la part d'une jeune fille
que de l'entendre trouver tout *bon marché*,
comme rien n'est si ennuyeux que de l'entendre se récrier sur *la cherté* de tout ce qu'on
lui présente.

C'est petitesse d'esprit chez une femme que le dédain qu'elle montre pour savoir les petits détails du ménage; il faut, certes, bien plus de capacité pour s'instruire de ce qui a rapport à la bonne tenue d'une maison que pour apprendre à chanter, à discuter l'intérêt d'un roman, ou même à jouer quelques airs appris sur le piano.

Ce n'est ni un mannequin ni une poupée qu'il faut dans une maison, mais une femme active, forte et vertueuse, *qui sache*, dit Fénelon, *filer, se cacher, se dévouer, se taire.*

CHAPITRE HUITIÈME.

LA PRODIGALITÉ.

99. — Qu'est-ce que la prodigalité?

La prodigalité consiste à dépenser sans raison l'argent qu'on possède, et à laisser détériorer, par caprice ou nonchalance, les objets qui sont à notre usage.

100. — Sources de la prodigalité.

Les sources de la prodigalité sont *l'orgueil et la paresse.*

L'orgueil dit :

Si tu dépenses beaucoup en parures, en bijoux, en ameublements, en minutieuses futilités; si tu rejettes, parce que la mode va finir, un vêtement qui serait utile encore, *on dira que tu es riche.*

Si tu donnes sans compter, *on dira que tu es généreuse.*

Si tu parais te soucier peu d'une robe salie ou déchirée, *on dira que tu as l'esprit large.*

Si enfin tu te montres la plus élégante et la mieux parée, *on dira que tu es une femme de bon ton.*

Comment résister au charme de ces flatteries?

La paresse à son tour dit :

Savoir tout ce qu'on dépense chaque jour et s'obliger à en tenir compte, *c'est ennuyeux.*

Veiller sur chacun de ses désirs, se demander avant chaque dépense : Est-elle nécessaire? ne puis-je pas attendre encore? *c'est ridicule.*

Se mettre à l'œuvre sur-le-champ pour réparer l'accident arrivé à un vêtement, *c'est minutie.*

Épargner un sou, calculer même ses chari-
tés, *c'est avarice*.

Comment ne pas s'arrêter devant ces reproches ? Et de fait, n'est-ce pas de bon ton d'ê-
tre insouciante ?

101. — Effets de la prodigalité.

Le premier effet de ce défaut est un mé-
contentement et un malaise général. La jeune
fille qui écoute ces voix doucereuses a beau
s'étourdir, elle entend aussi d'autres voix plus
calmes lui dire : *Et demain que feras-tu? Tu
prodigues le nécessaire, que te restera-t-il?
Que répondras-tu à Dieu te demandant l'usage
que tu as fait de ton temps et de tes biens?*

Oh ! que ces paroles doivent empoisonner
la jouissance de l'orgueil !

Le deuxième effet de la prodigalité est *un
désordre complet :*

Dans l'intelligence, qui se laisse dominer
par le caprice ;

Dans l'âme, qui sent qu'elle offense Dieu,
l'ordre par excellence ;

Dans le cœur, qui ne réussit pas même à s'attacher ceux pour qui il est prodigue. Ce n'est pas seulement en donnant qu'on peut recueillir la reconnaissance, mais en donnant avec raison : il y a dans le cœur un sentiment de justice qui empêche même l'enfant de savoir gré des bienfaits répandus sans discrétion.

Le troisième effet est, tôt ou tard, la ruine complète.

Ce mot est à peine compris : il est si étrange quand on est jeune ! Aussi ne faisons-nous que l'indiquer, malgré les exemples qu'on pourrait apporter.

Le sort prépare des coups tellement imprévus, qu'on ne saurait trop se ménager de ressources contre ses atteintes. L'auguste fille de Louis XVI n'a-t-elle pas dû, dans la tour où elle était renfermée, travailler de ses mains aux vêtements qu'on semblait ne lui donner qu'à regret ?

Ne prodiguons jamais ni notre bien ni notre temps ; la prodigalité ressemble à ces mines creusées par un habile ennemi sous les murs d'une ville : le travail avance sourdement, et tout à coup, au milieu d'une fête peut-être, l'éboulement se fait. Que reste-t-il ? des ruines.

Pour corriger le penchant à la prodigalité, suivez les conseils indiqués aux chapitres de *l'ordre* et de *l'économie*.

TABLE DES MATIÈRES.

CHAPITRE SIXIÈME. — L'Affectation.

CHAPITRE SEPTIÈME. — L'Affabilité.

CHAPITRE HUITIÈME. — La Puérilité.

CHAPITRE NEUVIÈME. — L'Amour de la vérité.

CHAPITRE DIXIÈME. — Le Mensonge.

CHAPITRE ONZIÈME. — L'Obéissance.

CHAPITRE DOUZIÈME. — La Désobéissance.

SECONDE PARTIE.

Vertus qui font estimer la jeune fille. Défauts opposés à ces vertus.

CHAPITRE TROISIÈME. — Le Respect.

CHAPITRE QUATRIÈME. — La Moquerie.

CHAPITRE CINQUIÈME. — La Discrétion et l'Indiscrétion.

CHAPITRE SIXIÈME. — L'Ordre.

CHAPITRE SEPTIÈME. — L'Économie.

CHAPITRE HUITIÈME. — La Prodigalité.

LIBRAIRIE

AUBANEL FRÈRES

IMPRIMEURS DE N. S. P. LE PAPE

DE S. G. MONSEIGNEUR L'ARCHEVÊQUE D'AVIGNON
DE S. G. MONSEIGNEUR L'ARCHEVÊQUE
DE REGGIO, MÉTROPOLITAIN DES CALABRES
ET S. G. MONSEIGNEUR
L'ÉVÊQUE DE TERRACINE SEZZE ET PIPERNO.

AVIGNON

BREF

DRESSÉ PAR S. S. LÉON XIII, A M. JOSEPH-MARIE AUBANEL

DE LA MAISON AUBANEL FRÈRES, SES IMPRIMEURS, A AVIGNON

LÉON XIII, PAPE

A Notre cher fils Joseph-Marie AUBANEL

A AVIGNON

A vous, cher fils, salut et bénédiction Apostolique.

C'est pour Nous joie et consolation de voir que vous vous efforcez de marcher sur les traces de votre père et de votre oncle dans leurs efforts pour soutenir la vertu et la religion. Comme ils l'avaient fait déjà eux-mêmes plusieurs fois avec empressement et avec bonheur, vous Nous montrez votre dévouement en Nous offrant le *Sommaire de la Doctrine Catholique*, imprimé par vos soins. Soyez certain, cher fils, que Nous sommes reconnaissant de cet hommage qui Nous a été si agréable, comme Nous le fûmes pour les vôtres: et Nous vous louons de ce que, au milieu de ce dévergondage du mal, vous vous efforcez de répandre et de vulgariser les ouvrages utiles aux âmes; c'est bien là le véritable amour de la patrie. — En même temps que vous, Nous voulons comprendre dans Nos éloges celui qui a composé l'ouvrage que vous Nous avez offert et qu'il a rédigé avec un soin et un zèle qui le rendent grandement utile aux âmes.

Que sur l'auteur et l'éditeur, viennent donc avec abondance les secours divins que par Notre bénédiction Apostolique Nous demandons pour vous avec une affection toute paternelle.

Donné à Rome, près Saint Pierre, le 2 Avril de l'an 1893, de Notre Pontificat le 16me.

LIVRES DE PROPRIÉTÉ

— Tous ces ouvrages étant notre propriété, la reproduction, même partielle, et la traduction en toutes langues sont formellement interdites. A. F

Le Livre de Piété de la jeune fille, AU PENSIONNAT ET DANS SA FAMILLE. Par l'auteur des *Paillettes d'Or*. Ouvrage honoré de la Bénédiction de Sa Sainteté. Approuvé par S. E. Mgr le Cardinal-Archevêque de Chambéry ; S. G. Mgr l'Archevêque d'Avignon ; S. G. Mgr l'Archevêque d'Aix; S. G. Mgr l'Archevêque de Lyon ; S. G. Mgr l'Evêque d'Hébron, auxiliaire de Genève ; S. G. Mgr l'Evêque de Nevers ; S. G. Mgr l'Evêque de Poitiers et S. G. Mgr l'Evêque de Nimes. — *Deux cent-vingtième édition.*

Edition ordinaire: Un beau volume in-18 de 850 pages.

Prix broché.........................	2 40
Relié en basane gauffr. tranche marbr..	3 »»
— — — dorée........	3 50
Reliure anglaise, tranche jaspée........	3 »»
— — — dorée	3 50
Mouton chagriné relief, tranche dorée...	4 50
Chagrin 2ᵉ choix, tranche dorée........	5 »»
— 1ᵉʳ choix, tranche dorée........	6 »»
Veau des Indes, cadre et monogramme à froid, tranche dorée..............	6 »»

Envoi *franco* contre mandat-poste.

L'Auteur et les Éditeurs ayant demandé pour le *Livre de Piété de la Jeune Fille* la Bénédiction de Sa Sainteté PIE IX, le Souverain Pontife a daigné écrire de sa main, sur la supplique qui Lui a été présentée avec l'ouvrage, les paroles suivantes :

Die 23. Aprilis 1873

Benedicat Vos Deus et liberet a malo.

Pius PP. IX

Le Livre de Piété de la jeune fille AU PENSIONNAT ET DANS SA FAMILLE.

Édition de luxe : Un beau volume in-18 de 928 pages, impression rouge et noir, en caractères elzéviriens, sur beau papier teinté, avec encadrements, vignettes, lettrines, etc.

Prix broché........................... 4 50
Relié en chagrin choix supér., tr. dorée. 8 75
Relié en cuir poli grain long, gardes chromo, équerre à froid tr. dorée..... 8 75
Relié en veau des Indes, écusson or, gard. chromo, gout. creuses, tranche dorée. 9 »»
Relié en chagrin poli uni, gouttières creuses, gard. chr. tranche dorée..... 9 75
Relié en levant poli uni, charnières, gard. chromo, tranche rouge sous or....... 12 75
Même reliure, gardes soies............. 15 25
Relié en levant du Cap, tr. rouge sous or, charnières, gardes soies.......... 20 25

Le Livre de la jeune fille en Vacances.

COMPLÉMENT DU LIVRE DE PIÉTÉ DE LA JEUNE FILLE, Par l'auteur des *Paillettes d'Or*. Approuvé par S. E. Mgr le Cardinal-Archevêque de Bordeaux ; S. G. Mgr l'Archevêque d'Avignon ; S. G. Mgr l'Archevêque d'Aix ; S. G. Mgr l'Archevêque d'Albi ; S. G. Mgr l'Évêque d'Hébron ; S. G. Mgr l'Evêque de Fréjus ; S. G. Mgr l'Evêque de Nevers et S. G. Mgr l'Evêque de Tarbes. *Vingtième édition* revue et augmentée. Un joli volume in-18 de 400 pages.

Prix broché............................ 1 45
Relié en basane gauf., tranche marbrée.. 1 70
—   —   tranche dorée.... 2 10
Chagrin, tranche dorée................. 3 70

Paillettes d'Or, CUEILLETTE DE PETITS CONSEILS
POUR LA SANCTIFICATION ET LE BONHEUR DE LA VIE.
Ouvrage honoré d'un Bref de Sa Sainteté. Ap-
prouvé par S. E. le Cardinal-Archevêque de
Chambéry ; S. E. le Cardinal-Archevêque de
Westminster ; S. E. le Cardinal-Archevêque
de Dublin ; S. G. Mgr l'Archevêque d'Avignon,
S. G. Mgr l'Archevêque d'Aix ; S. G. Mgr
l'Archevêque de Milan ; S. G. Mgr l'Evêque
d'Augsbourg ; S. G. Mgr l'Evêque de Terracine
Sezze et Piperno ; S. G. Mgr l'Evêque de Fréjus
et Toulon.

Première Série : RECUEIL DES ANNÉES 1868-69-70.
Septante-huitième édition.

Deuxième Série : RECUEIL DES ANNÉES 1871-72-73.
Cinquante-unième édition.

Troisième Série : RECUEIL DES ANNÉES 1874-75-76
Cinquante-septième édition.

Quatrième Série : RECUEIL DES ANNÉES 1877-78-79
Trente-neuvième édition.

Cinquième Série : RECUEIL DES ANNÉES 1880-81-82
Vingt-quatrième édition.

Sixième Série : RECUEIL DES ANNÉES 1883-84-85
Trente-quatrième édition.

Septième Série : RECUEIL DES ANNÉES 1886-87-88
Vingt-troisième édition.

Huitième Série : RECUEIL DES ANNÉES 1889-90-91
Quinzième édition.

Neuvième Série : RECUEIL DES ANNÉES 1892-93-94
Quinzième édition.

Chacune de ces Séries formant un joli volume
in-18 se vend séparément broché........ 0 60
Couverture illustrée, papier fort, broché. 0 70

Paillettes d'Or. RECUEIL COMPLET DES HUIT SÉRIES RÉUNIES (1868-1891). En deux tomes. Ouvrage honoré d'un Bref de Sa Sainteté.

TOME PREMIER. Recueil des années (1868-79). Un fort volume in-18.

Prix broché............................... 2 35
Relié percaline anglaise plaque spéciale. 3 »»
— — — ornements dorés. 3 25
Même reliure, tranche dorée............ 3 55

TOME DEUXIÈME. Recueil des années (1880-91). Un joli volume in-18. — *Mêmes prix.*

*Abonnement aux Paillettes d'Or. — Publication paraissant tous les quatre mois par dix fascicules de 16 pages. — Trentième année. — L'abonne-*ment commence au mois de Janvier.
Prix par an............................... 2 »»
Chaque dizaine en sus par la poste...... 1 75
Tous les trois ans, les Paillettes *sont réunies en un joli volume in-18 de 144 pages.*

Pagliuole d'Oro (Traduction italienne des *Paillettes d'Or*). RACOLTA DI PICCOLI CONSIGLI A FAR LIETA E SANTA LA VITA.

SERIE PRIMA. Anni 1868-69-70. Quarta editione. Un joli volume in-18.
Prix broché............................ 0 60

SERIE SECONDA. Anni 1871-72-73. Joli vol. in-18.
Prix broché............................ 0 60

Grains of gold, (Traduction anglaise des *Paillettes d'Or*).

FIRST SERIES. Collection for the years 1868-69-70. Un joli volume in-18.
Prix broché............................ 0 60

Envoi *franco* contre mandat-poste.

Le Petit Livre des Novices, par l'auteur des *Paillettes d'Or.* Approuvé par S. E. Mgr le Cardinal-Archevêque de Bordeaux : S. G. Mgr l'Archevêque d'Avignon ; S. G. Mgr l'Archevêque d'Aix ; S. G. Mgr l'Archevêque d'Albi ; S. G. Mgr l'Évêque d'Hébron, Vicaire-Apostolique de Genève ; S. G. Mgr l'Évêque d'Evreux ; S. G. Mgr l'Évêque de Tarbes et S. G. Mgr l'Évêque de Bâle. *Quinzième édition,* revue, complétée et augmentée de 64 pages. Un joli volume in-18. Prix broché.......................... 1 25

Le Livre des Professes, par l'auteur des *Paillettes d'Or.* Ouvrage approuvé par S. G. Mgr l'Archevêque d'Avignon ; S.G. Mgr l'Evêque de Fréjus et Toulon. *Onzième édition.*

PREMIER VOLUME. *Première partie : Nature de l'état religieux.* — Un joli volume in-18. Prix broché.......................... 0 60

DEUXIÈME VOLUME. *Deuxième partie : Obligations de l'état religieux. I.* Aimer. — *Treizième édition.* — Un joli volume in-18 de 260 pages. Prix broché.......................... 1 25

TROISIÈME & DERNIER VOLUME. *Deuxième partie : Obligations de l'état religieux. II.* Combattre, Souffrir, Obéir, Prier. Approuvé par S. G. Mgr l'Archevêque d'Avignon. *Onzième édition.* Un beau volume in-18 de 620 pages. Prix broché.......................... 2 »»

L'OUVRAGE COMPLET. Relié en un seul beau volume percaline anglaise tranche jaspée. Prix.......................... 4 75

De la Prière, par l'auteur des *Paillettes d'Or*
Extrait du troisième volume du *Livre des
Professes* et offert aux Novices et même aux
personnes pieuses du monde. Avec une préface
spéciale. Approuvé par S. G. Mgr l'Archevêque
d'Avignon. Un joli volume in-18.
Prix broché...................................... 0 60

De la Direction Spirituelle, à l'usage des
communautés religieuses, par l'auteur des *Paillettes d'Or*. Approuvé par S. G. Mgr l'Archevêque
d'Avignon ; S. G. Mgr l'Archevêque de Port
d'Espagne ; S. G. Mgr l'Archevêque d'Aix ; S. G.
Mgr l'Evêque d'Hébron, Vicaire-Apostolique de
Genève ; S. G. Mgr l'Evêque de Constantine et
d'Hippone ; S. G. Mgr l'Evêque d'Evreux ; S. G.
Mgr l'Evêque de Vannes, et S. G. Mgr l'Evêque
de Versailles. *Neuvième édition* revue et augmentée de 86 pages. Un joli vol. in-18 de 320 p.
Prix broché...................................... 1 40

Le Petit Livre des Supérieures, par l'auteur
des *Paillettes d'Or*. Avec une note sur les rapports des Communautés religieuses avec la loi
civile. Approuvé par S. E. Mgr le Cardinal-
Archevêque de Chambéry ; S. G. Mgr l'Archevêque d'Avignon ; S. G. Mgr l'Archevêque
d'Aix ; S. G. Mgr l'Evêque d'Hébron, Vicaire-
Apostolique de Genève ; S. G. Mgr l'Evêque de
Nevers ; S. G. Mgr l'Evêque de Poitiers ; S. G.
Mgr l'Evêque de Nimes, et S. G. Mgr l'Evêque
de Tarbes. *Onzième édition*, revue et augmentée
de 44 pages. Un beau volume in-18.
Prix broché...................................... 1 25

Les Petites Vertus et les Petits Défauts de la jeune Fille, AU PENSIONNAT ET DANS SA FAMILLE. Par l'auteur des *Paillettes d'Or.* Approuvé par S. G. Mgr l'Archevêque d'Avignon. *Trente-quatrième édition.* Un joli volume in-18. Prix broché...................................... 0 70

La Science du Ménage, COMPLÉMENT DE L'ÉDUCATION DE LA JEUNE FILLE AU PENSIONNAT ET DANS SA FAMILLE. Par l'auteur des *Paillettes d'Or.* Approuvé par S. G. Mgr l'Archevêque d'Avignon. *Vingt-deuxième édition.* Un joli volume in-18. Prix broché...................................... 0 70

Le Livre des Garde-Malades, par l'auteur des *Paillettes d'Or.* Approuvé par S. G. Mgr l'Archevêque d'Avignon, S. G. Mgr l'Evêque de Fréjus et Toulon, et S. G. Mgr l'Evêque de Vicence. *Onzième édition* revue et considérablement augmentée. Un joli volume in-18 de 363 pages. Prix broché...................................... 1 40

Il Libro delle Infermiere, ad uso delle famiglie e principalmente delle comunita religiose e delle suore ospitaliere. Par l'auteur des *Paillettes d'Or.* (Traduction italienne du *Livre des Garde-Malades*). Approuvé par S. G. Mgr l'Archevêque d'Avignon ; S. G. Mgr l'Evêque de Fréjus et Toulon, et S. G. Mgr l'Evêque de Vicence. Un beau volume in-18. Prix broché...................................... 1 40

Envoi *franco* contre mandat-poste.

Le Livre des Enfants qui se préparent à la Pemière Communion, AU PENSIONNAT ET DANS SA FAMILLE. Par l'auteur des *Paillettes d'Or*. Approuvé par S. E. Mgr le Cardinal-Archevêque de Bordeaux ; S. G. Mgr l'Archevêque d'Avignon ; S. G. Mgr l'Archevêque d'Aix, Arles et Embrun ; S. G. Mgr l'Evêque de Nancy et de Toul ; S. G. Mgr l'Evêque de Pamiers ; S. G. Mgr l'Evêque de Dijon ; S. G. Mgr l'Evêque de d'Evreux, et S. G. Mgr l'Evêque de Versailles. *Vingt-quatrième édition* revue et complétée par des Conseils et des Prières pour la Confirmation. Un joli volume in-18.

Prix broché.......................... 1 45
Relié basane gaut., tranche marbrée... 1 70
   —   —   tranche dorée...... 2 10
Chagrin, tranche dorée................ 3 70

Les Jeudis du Pensionnat, du Collége et de la Famille, SIMPLES RÉCRÉATIONS ET JEUX D'ESPRIT. Colligés, purifiés, agencés, coordonnés, perfectionnés, inventés et présentés par l'auteur des *Paillettes d'Or*. — Impression de luxe avec tête de chapitres, lettrines, vignettes, sur beau papier teinté, couverture imprimée en chromo-typographie.

PREMIER VOLUME : Un beau volume in-16 jésus de xxiv-264 pages.

Prix broché.......................... 2 70

DEUXIÈME VOLUME : Un beau volume in-16 jésus de vii-558 pages.

Prix broché.......................... 3 75

Envoi *franco* contre mandat-poste.

Petit Mois de Saint Joseph, PENSÉES PIEUSES POUR LE MOIS DE MARS. Par l'auteur des *Paillettes d'Or.* — *Edition de luxe,* in-32 raisin, rouge et noir papier teinté. *Deux cent trente unième édition.* Prix broché...................... 0 30
Edition ordinaire. Prix broché........... 0 20

Petit Mois de Marie, PENSÉES PIEUSES POUR LE MOIS DE MAI. Par l'auteur des *Paillettes d'Or. Edition de luxe,* in-32 raisin, rouge et noir papier teinté. *Deux cent unième édition.*
Prix broché........................... 0 30
Edition ordinaire. Prix broché......... 0 20

Piccolo Mese di Maria, OSSIA PENSIERI DIVOTI PEL MESE DI MAGGIO. Opera dell' autore delle *Pagliuole d'Oro* (Traduction italienne du *Petit Mois de Marie*). Traduzione approvata dall' autorità Ecclesiastica di Roma.
Prix broché........................... 0 20

Petit Mois du Sacré-Cœur, PENSÉES PIEUSES POUR LE MOIS DE JUIN. Par l'auteur des *Paillettes d'Or. Edition de luxe,* in-32 raisin, rouge et noir, papier teinté. Cent soixante-sixième édition.
Prix broché........................... 0 30
Edition ordinaire. Prix broché.......... 0 20

Piccolo Mese del Sacro Cuore di Gesu, OSSIA PENSIERI DIVOTI PEL MESE DI GIUGNO. Opera dell' autore delle *Pagliuole d'Oro.* (Traduction italienne du *Petit Mois du Sacré-Cœur*). Approuvé par S. E. Mgr le Cardinal Evêque de Vérone. Jolie brochure in-32.
Prix broché........................... 0 20

Petit Mois des Ames du Purgatoire, PENSÉES PIEUSES POUR LE MOIS DE NOVEMBRE. Par l'auteur des *Paillettes d'Or.* Approuvé par S. G. Mgr l'Archevêque d'Avignon. *Cent seizième édition.* Jolie brochure de 128 pages. *Edition de luxe,* in-32 raisin rouge et noir. Prix broché.. 0 60
Edition ordinaire. Prix broché........... 0 35

Les Quatre Petits Mois réunis, MARS, MAI, JUIN, NOVEMBRE. Par l'auteur des *Paillettes d'Or.* Avec l'exercice de la Sainte Messe. *Edition de luxe,* rouge et noir in-32 raisin, reliure percaline anglaise tranche jaspée. Prix........ 1 80
Edition ordinaire, même reliure. Prix... 1 15

Ma Direction. Extrait des *Paillettes d'Or.* *115ᵐᵉ édition.* Jolie br. in-32. Prix..... 0 10

La Mia Guida, (Traduct. italienne de *Ma Direction*). Estrata dalle *Pagliuole d'Oro.* Approvata da S. E. Mgr il Vescovo di Savona. 4ª edizione Jolie brochure in-18 de 16 pages. Prix... 0 10

Les Zouaves civils. Opuscule dédié aux cercles catholiques d'ouvriers. Extrait des *Paillettes d'Or. 33ᵐᵉ édition.* Jolie br. in-32. Prix. 0 10

Au Pied de l'Autel. Extrait du *Livre de Piété de la Jeune Fille.* Par l'auteur des *Paillettes d'Or. 190ᵉ édition.* Jolie br. in-32. Prix.. 0 15

Al Pié del Altar, (Traduction espagnole de la brochure *Au Pied de l'Autel*) Estracto dei *Libro de Piedad de la Joven.* Per el autor de la *Pepitas de Oro.* Jolie br. in-18. Prix..... 0 15

Les Pieux Souvenirs du Foyer Chrétien. Opuscule extrait des *Paillettes d'Or* et complété par l'Auteur. *Trente-septième édition.* Jolie brochure in-32. Prix...................... 0 15

Envoi *franco* contre mandat-poste.

PETITES FEUILLES POUR PROPAGANDE

Mémorial des Enfants de Marie.

Confrérie de l'Amabilité.

Souvenir de ma retraite.

Petit Directoire pour les visites au Très Saint Sacrement.

L'Eternité.

Eine fiertelstunde vor dem allerheigsten (Traduction en allemand du *Quart d'heure devant le Saint Sacrement*).

Un quarto d'ora davanti al Santissimo Sacramento. (Traduction italienne du *Quart d'heure devant le Saint Sacrement*).

Le Notre Père de l'âme qui vient de communier.

Das fater unser nach der heiligen communion (Traduction en allemand du *Notre Père de l'âme qui vient de communier*).
Prix des petites feuilles formant chacune 4 pages in-32. Le cent.................. 1 15

Un quart d'heure devant le St Sacrement.
Edition ordinaire. le Cent.............. 1 15
Jolie édition de 4 pages in-4° coquille imprimées en rouge et noir avec gros caractères, en feuilles 0 10
Collées sur fort carton................ 0 25

L'anima a Gesù Cristo dopo la santa comunione.
Le cent............................... 1 80

Sommario della Dottrina Cattolica IN TAVOLE SINOTTICHE AD USO DELLE ISTRUZIONI PAROCCHIALI E DEI CATECHISMI DI PERSEVERANZA Opera dell' Autore delle *Pagliuole d'Oro.* — *I.* — *I Comandamenti di Dio e della Chiesa.* — *II.* — *I Consigli evangelici.* — *III.* — *La Coscienza.* — *IV.* — *Il Peccato.* — Traduzione dal francese. Approvato dal S. E. il Cardinale Arcivescovo di Torino. Un beau volume grand in-16 de XXIV-224 pages.

Prix broché............................. 2 25

Après le Catéchisme. COURS D'INSTRUCTION RELIGIEUSE SPÉCIALEMENT RÉDIGÉ POUR LES ÉLÈVES DU COURS SUPÉRIEUR DANS LES MAISONS D'ÉDUCATION. Par l'auteur des *Paillettes d'Or.* Approuvé par S. G. Mgr l'Archevêque d'Avignon ; S. G. Mgr. l'Archevêque de Cambrai, et S. G. Mgr l'Archevêque d'Aix.

I. Vérités fondamentales de la religion. Sixième édition, revue et augmentée de 60 Sujets et Plans de rédaction. Un beau volume in-18 de XII-549 pages.

Prix broché............................. _ 90

Prix cartonné............................. 2 10

II. Réponses à quelques accusations contre la religion. Approuvé par S. G. Mgr l'Archevêque d'Avignon. Un beau volume in-18 de XXIV-495 pages.

Prix broché............................. 1 90

Prix cartonné............................. 2 10

Envoi *franco* contre mandat-poste.

Traité de Style Epistolaire, *(premier volume)*
16e édition revue et complétée. Un joli vol. in-18
Prix broché...................................... 1 30
Prix cartonné.................................... 1 45

Sur le désir de plusieurs Communautés religieuses,
nous venons de publier ce volume, fruit de l'expérience
et de la pratique d'un long enseignement. Nous croyons
qu'il rendra de réels services dans les Communautés
et les Pensionnats de jeunes filles, pour lesquelles
il n'existait jusqu'à présent que des abrégés trop
succincts ou des ouvrages trop étendus. Les préceptes
que renferme ce livre et les exemples qu'il contient
sont exprimés et choisis avec goût. Ce volume écrit
avec une clarté rare dans les ouvrages de ce genre
sera d'une grande utilité pratique

De la Composition littéraire (*Deuxième
volume*). Onzième édition revue et complétée.
Un joli volume in-18 de 411 pages.
Prix broché...................................... 1 40
Prix cartonné.................................... 1 60

Différents genres de composition. CONSEILS
ET SUJETS. (*Troisième volume complémentaire*).
Neuvième édition, revue, complétée et augmen-
tée de 86 pages. Un joli vol. in-18 de 456 pages.
Prix broché...................................... 1 50
Prix cartonné.................................... 1 65

**Notions générales de Littérature et His-
toire Littéraire,** présentés en tableaux synoptiques pour la préparation du brevet supérieur.
Par l'auteur des *Paillettes d'Or.*
PREMIÈRE PARTIE: *PROSE.* Un beau volume
grand in-16. Prix broché.............. 1 75
DEUXIÈME PARTIE: *POÉSIE.* Un beau volume
grand in-16 de VIII-196 p. Prix broché... 1 75

Tableaux synoptiques de Littérature Française, d'après les derniers Programmes du Baccalauréat pour l'enseignement classique et l'enseignement moderne. Par J. SEYTRE. Un beau volume in-8°.
Prix broché...................... 3 60

Epîtres et Evangiles des Dimanches et Fêtes de l'année. Précédés des Prières durant la Sainte Messe et des Vêpres et Complies du dimanche. Ouvrage orné d'un grand nombre de vignettes. *Nouvelle édition,* revue et augmentée des prières pour la confession et la communion.
Prix cartonné..................... 0 65

Psautier de David. Précédé des Prières durant la Messe, suivi de cantiques pour tous les jours de la semaine et des Hymnes qui se chantent dans les différents temps de l'année, à l'usage des écoles chrétiennes. Un volume in-18.
Prix cartonné dos en basane........... 0 75

Heures et Petit Psautier. Contenant l'Office de l'Eglise à l'usage des écoles chrétiennes. Un fort volume in-18 de 600 pages.
Prix relié basane.................. 1 10

AUX INSTITUTRICES ET AUX MÈRES. **Exercices pour apprendre du Sacré-Cœur de Jésus à élever les enfants.** Jolie brochure in-18.
Prix broché...................... 0 35

AUX JEUNES FILLES. **Exercices pour soutenir ou ranimer leur piété auprès du Sacré-Cœur de Jésus.** Jolie brochure in-18.
Prix broché...................... 0 35

Conduite pour la bienséance civile et chrétienne recueillie de plusieurs auteurs, à l'usage des écoles chrétiennes, augmentée du devoir des écoliers, de la manière de le remplir saintement et des maximes de la sagesse, en caractère de ronde, in-12.
Prix.................................... 0 30

Le livre de Chœur des Fidèles (Extrait du Graduel et du Vespéral Romains.) Contenant notés en plain-chant, les *Kyrie, Gloria, Credo, Sanctus, Agnus* et proses des Messes, les *Psaumes, Hymnes* et *Versets* des Vêpres des Dimanches et fêtes de l'année, plusieurs morceaux choisis en l'honneur du Très Saint Sacrement, de la Très Sainte Vierge et l'Office des Morts. Un volume in-12, relié basane pleine.
Prix.................................... 1 50

Recueil des Messes sur les huit tons, augmenté de plusieurs morceaux choisis. Brochure in-12, papier fort.
Prix cartonné.......................... 0 50

Missale Defunctorum. *Suivant le Rit Romain.* Renfermant les Messes de *Requiem,* le cérémonial et les prières de l'Absoute pour les morts.
Prix relié en basane.................. 4 50

Rituale Romanum. *Pauli V, Pontificis Maximi, jusu editum atque a felicis recordationis Benedicto XIV.* Nouvelle édition, revue corrigée et augmentée des bénédictions récemment approuvées pour le Diocèse d'Avignon, par la S. C. des Rites. Un volume in-18 de 600 pages.
Prix reliure gaufrée.................. 2 40

Envoi *franco* contre mandat-poste.

Office complet de la Sainte Vierge et des Morts, *En latin et sans renvois, rit romain.* Reproduction intégrale de l'édition dite des Chevaliers de Malte. Un fort volume in-18, gros caractère.
Prix reliure gaufrée...................... 1 50

Office de la Sainte Vierge et des Morts. *En latin, selon le rit romain* Edition sans renvois et dans laquelle est indiquée la prononciation latine. Un volume in-32.
Prix relié percaline anglaise, tr. jaspée.. 0 55

Le Rosier Céleste, dédié à N. D. des Lumières, ou recueil de petits offices, de prières, de pratiques de piété et de diverses litanies en l'honneur de la Très Sainte Vierge.
Prix cartonné.......................... 0 30
Prix reliure percaline.................... 0 55

Le livre de Piété du Tertiaire Franciscain. *Vade-mecum séraphique.* Très joli volume in-18 jésus, sur beau papier teinté, imprimé en caractères neufs et très lisibles.
Prix broché........................... 1 75
Relié en basane gaufrée, tranche marbrée 2 25
Relié percaline anglaise noire, tr. jaspée. 2 25
Chagrin 1er choix, tranche dorée........ 4 25

Notice sur l'insigne Indulgence de la Portioncule. Publiée par les RR. PP. Récollets. Brochure in-18.
Prix broché........................... 0 20

Recueil de Pratiques de Piété, pour honorer les douleurs de la Sainte Vierge Marie, pendant le saint Temps de Carême. Un volume in-18 de 215 pages. Prix broché............. 0 65

Catéchisme en Histoires, *ou recueil complet des exemples indiqués dans les catéchismes.* Approuvé par S. E. Mgr le Cardinal-Archevêque de Chambéry ; S. G. Mgr l'Archevêque d'Avignon ; S. G. Mgr l'Archevêque d'Aix ; S. G. Mgr l'Evêque de Viviers, S. G. Mgr l'Evêque de Montpellier ; S. G. Mgr l'Evêque de Valence, S. G. Mgr l'Evêque de Nevers ; S. G. Mgr l'Evêque de Nimes et S. G. Mgr l'Evêque de Digne. Un joli volume in-12 contenant 257 exemples ou traits historiques. Prix cartonné.............. 0 90
Par cent...................... 65 »»

Le Journal des Saints, où sont représentées leurs images offrant les principaux traits de leur vie une méditation et une maxime pour chaque jour. Par le *P. Grosez* de la Cⁱᵉ de Jésus. *Nouvelle édition* augmentée d'une Pratique et du Martyrologe. Un fort volume in-18, avec vignettes, édition de propagande.
Prix broché....................... 1 75
Relié basane gaufrée, tranche marbrée. 2 35

Litaniaire ou Recueil complet des Litanies, *en l'honneur de la Très Sainte Trinité, de la Sainte Vierge et des Saints.* Contenant 155 litanies diverses. Par le frère Aɴɪᴄᴇᴛ ᴅᴇ Sᴀɪɴᴛᴇ Sᴜᴢᴀɴɴᴇ. *Nouvelle édition.* Un joli volume grand in-32, de 550 pages.
Prix broché....................... 1 20
Relié basane gaufrée, tranche marbrée.. 1 60

Lectures pour tous les jours du Carême. Par l'abbé *A. Blanc,* chanoine honoraire, missionnaire apostolique. Approuvé par S. G. Mgr l'Archevêque d'Avignon. Un beau volume in-18 de 400 pages. Prix broché............ 1 75

Recueil de Cantiques pour Missions et Retraites, à l'usage des paroisses. *Nouvelle édition* revue et considérablement augmentée. Un volume in-12.
Prix broché.. 0 50

Retraite de huit jours, pour se préparer à la profession religieuse, à l'usage des communautés. Approuvé par S. G. Mgr l'Archevêque d'Avignon et S. G. Mgr l'Archevêque d'Aix. *Nouvelle édition.* Un joli volume in-12.
Prix broché.. 1 40

Ma Retraite, Méditations et Lectures, à l'usage des personnes religieuses qui font en particulier des exercices spirituels. Par le R. P. *Gabriel Bouffier,* de la Cie de Jésus. Approuvé par S. G. Mgr l'Archevêque d'Avignon. Un joli volume in-18 de xiv-512 pages.
Prix broché.. 1 90

Le Don Divin de l'Eucharistie, *au Tabernacle, à l'Autel, à la Table Sainte,* par l'abbé *Bidon,* missionnaire, ancien professeur de philosophie et de théologie. Approuvé par S. G. Mgr l'Archevêque d'Avignon. *Sixième édition.* Un joli volume in-18 de xxii-274 pages.
Prix broché.. 1 40

De l'Amour et du Cœur de N. S. Jésus-Christ — Elévations, par le R. P. *Gabriel Bouffier,* de la Cie de Jésus. Approuvé par S. G. Mgr l'Archevêque d'Avignon. *Deuxième édition.* Un joli volume in-18 de 400 pages.
Prix broché.. 1 45

Envoi *franco* contre mandat-poste.

Petits Traités de Direction, (Extraits de la correspondance de S. François de Sales). Par le R. P. *Gabriel Bouffier*, de la Cie de Jésus *Quatrième édition.* Un fort vol. in-12 de 513 p. Prix broché...................... 3 »»

L'Imitation de Jésus-Christ, Traduction nouvelle avec des annotations. Par le R. P. *Gabriel Bouffier*, de la Cie de Jésus. Un joli vol. in-18 de VIII-476 pages. Prix broché. 1 75
Reliure percaline anglaise, tranche jaspée 2 25

Méditation sur Jésus-Christ, par l'abbé *A. Blanc*, missionnaire apostolique, chanoine honoraire de Valence et de Saint-Brieuc. Approuvé par S. G. Mgr l'Evêque de Valence. Un beau volume in-18 de 456 pages. Prix broché. 1 75

Méditations en forme de lectures, pour tous les jours du mois à l'usage des jeunes personnes et des Communautés religieuses ; composées par S. E. Mgr *Célestin du Pont*, Archevêque d'Avignon, puis Archevêque de Bourges et Cardinal de la sainte Eglise Romaine, du titre de *santa Maria del popolo*. Troisième édition. Un joli vol. in-32. Prix broché. 1 15
Relié basane gaufrée, tranche marbrée.. 1 50
Relié gaufré, tranche dorée............ 1 80
Relié chagrin 1er choix, tranche dorée... 3 »»

L'Enfant de la sainte Eucharistie, Notes et Souvenirs d'une pieuse Congréganiste ayant vécu au milieu du monde. Recueillis, et mis en ordre par *Hubert Lebon*, auteur de *la sainte Communion c'est ma vie*. Avec approbation des Supérieurs. Nouvelle édition. Un joli vol. in-32. Prix broché............................ 1 20
Relié basane gaufrée, tranche marbrée.. 1 50
Basane gaufrée, tranche dorée......... 1 80

Petit Mois de Saint Joseph, par l'abbé *Bidon*, missionnaire, ancien professeur de philosophie et de théologie. Un joli volume in-32.
Prix broché.............................. 0 50

Nouveau Mois de Mars. — Saint Joseph Epoux de la Vierge Marie. Par le R. P. *Gabriel Bouffier*, de la Cⁱᵉ de Jésus. Approuve par S. G. Mgr l'Archevêque d'Avignon ; S. G. Mgr l'Evêque de Nîmes : S. G. Mgr l'Evêque de Montpellier, et S. G. Mgr l'Evêque du Puy. Un beau volume in-18 de xx-476 pages.
Prix broché.............................. 1 75

Nouveau Mois de Marie, par l'abbé *A. Blanc,* chanoine honoraire, missionnaire apostolique. Approuvé par S. G. Mgr l'Archevêque d'Avignon. Un joli volume in-18 de xii-456 pages.
Prix broché.............................. 1 75

Nouveau Mois du Sacré-Cœur, *Trente méditations sur les Litanies du Cœur de Jésus,* par l'abbé *P. de Terris,* curé de Saint-Symphorien, chanoine honoraire, ancien vicaire général de Fréjus. Un joli volume in-18 de xiii-379 pages.
Prix broché.............................. 1 50

Le Mois de Sainte Anne, suivi d'une Neuvaine, du Cantique et des Litanies, par V. V. Approuvé par S. G. Mgr l'Archevêque d'Avignon et par S. G. Mgr Gaume, Prot. Apost., docteur en théologie. Un joli volume in-18.
Prix broché.............................. 0 60

Envoi *franco* contre mandat-poste.

Du Sacrifice Virginal et Derniers Souvenirs. Par le R. P. *Gabriel Bouffier*, de la Cie de Jésus. Approuvé par S. G. Mgr l'Archevêque d'Avignon. Un volume in-18.
Prix broché...................................... 1 25

Amour et Réparation — Le Premier Vendredi du Mois, *exercices en l'honneur du Sacré-Cœur de Jésus.* Par le R. P. *Gabriel Bouffier*, de la Cie de Jésus. Approuvé par S. G. Mgr l'Archevêque d'Avignon. Un joli volume in-18 de 466 pages.
Prix broché...................................... 1 75

Aux Enfants de Marie — Les Fêtes de la Sainte Vierge et le Premier Samedi du Mois, par le R. P. *Gabriel Bouffier*, de la Cie de Jésus. Approuvé par S. G. Mgr l'Archevêque d'Avignon. Un beau volume in-18 de 474 pages.
Prix broché...................................... 1 75

Le Chemin de la Croix et les Ames du Purgatoire, par l'aumônier d'une Communauté religieuse. Très jolie brochure in-18 de 112 pages, avec encadrements et vignettes.
Prix broché...................................... 0 50

Chemin de Croix des Enfants de Marie, et recueil de prières analogues, par le chanoine *Elie Redon*, missionnaire apostolique. Approuvé par S. E. le Cardinal-Archevêque de Bordeaux; S. G. Mgr l'Archevêque d'Avignon et S. G. Mgr l'Evêque de Viviers. Un joli volume in-18.
Prix broché...................................... 0 70

Le Sacerdoce Eternel, par S. E. le Cardinal *Manning*, Archevêque de Westminster, traduit de l'anglais par l'abbé *C. Maillet*. Un très beau volume in-16 jésus de 328 pages ; impression de luxe, avec tête de chapitres, lettrines, vignettes sur beau papier teinté, couverture artistique : impression rouge et noir, sur papier nid d'abeilles. Prix broché................. 2 90

Le Péché et ses conséquences, par S. E. le Cardinal *Manning*, Archevêque de Westminster, traduit de l'anglais par l'abbé *C. Maillet*. Un très beau volume in-16 jésus, de 252 pages ; impression de luxe avec tête de chapitres, lettrines, vignettes, sur beau papier teinté. Prix broché............................. 2 90

Les Ascétiques ou traits spirituels de Saint Basile-le-Grand, Archevêque de Césarée en Cappadoce. — Approuvé par S. G. Mgr l'Archevêque de Sens ; S. G. Mgr l'Evêque d'Angers ; S. G. Mgr l'Evêque de Beauvais, et S. G. Mgr l'Evêque d'Olonne. Un fort volume in-8° de 536 pages. Prix broché............................. 2 50

Trésor du Pieux Communiant. Traduit de l'anglais par N. P. précédé d'un exercice pour la Confession et augmenté d'une messe pour le jour de la Communion, avec des Instructions et des Prières pour diriger et offrir l'intention particulière de chaque Communion ; des Vêpres, etc. Approuvé par S. G. Mgr l'Archevêque d'Avignon. *Nouvelle édition*, revue et considérablement augmentée. Un joli vol. grand in-32 de 416 p. Prix broché............................. 0 80
Reliure gaufrée, tranche marbrée........ 1 10

Françoise de Bona, *Histoire merveilleuse et véridique d'une enfant du Haut Bugey au XVIIme siècle.* Par l'abbé *J. Séaume,* Curé de Dortan. Approuvé par de nombreux Cardinaux, Archevêques et Évêques. Un beau volume in-16 jésus de xxiv-504 pages. Couverture papier peau d'âne, impression de luxe rouge et noir, nombreuses illustrations dans le texte.
Prix broché.......................... 4 60

Le Vol d'une Ame, *Journal, Lettres, Notes, Souvenirs, Poésies d'une Tertiaire.* Avec une Notice biographique, par l'abbé *Raymond,* et une préface, par l'auteur des *Paillettes d'Or.* Approuvé par S. G. Mgr l'Archevêque d'Avignon. Douzième édition, ornée d'une eau forte par *P. Maurou.* Un joli volume in-18 de 452 pages.
Prix broché.......................... 1 80
Relié percaline, plaque spéciale, ornements
    et tranche dorés................... 2 80

Vie du Vénérable Père Dom Louis de Lauseray, *Prieur de la Chartreuse de Villeneuve-lez-Avignon.* Par le Vénérable Père Dom Simon Salvani, son contemporain, et revue par un Père du même Ordre. Approuvé par S. G. Mgr l'Archevêque d'Avignon.
Prix broché.......................... 2 40

Jeanne Poinsot, *Vie angélique d'une enfant de Marie, 1867-1892,* par le R. P. *A.-J. Muzac,* de la Cie de Jésus. Un joli volume in-8° écu de 320 pages.
Prix broché.......................... 3 60

Envoi *franco* contre mandat-poste.

Le XIXᵐᵉ Siècle (1789-1889). *Justice et Miséricorde de Dieu.* Par le R. P. *de Rochemure*, de la Cⁱᵉ de Jésus. Un joli volume in-16.
Prix broché.. 1 50

La Révolution, *dans l'ensemble de ses phases et le triomphe final de l'unité catholique.* Par la fondation d'un saint empire romain embrassant l'Occident et l'Orient d'après les Oracles sacrés et les prophéties, par *A. Chauffard*, ancien magistrat. Revêtu de la haute approbation de S. G. Mgr l'Archevêque d'Avignon. Un joli volume in-16 de xxi-302 pages.
Prix broché.. 1 90

Le Palais des Papes à Avignon. *Notice historique et archéologique*, par *A. Canron*, avocat. *Nouvelle édition,* revue et augmentée.
Prix broché.. 0 60

Vie de Bernadette, par l'abbé *H. Raymond.* Petite brochure de propagande in-18.
Prix.. 0 30

Petite méthode qui permet à toute personne de réussir d'une manière infaillible à bien faire les **Hosties pour le Saint Sacrifice.** Par un curé de campagne. Jolie brochure in-18.
Prix.. 0 50

Les Cinq Fêtes de l'Enfant Jésus, Par *Saint Bonaventure.* Jolie édition format in-18.
Prix broché.. 0 30

Étrennes du Saint Enfant Jésus. Feuilles contenant des vignettes différentes à découper et à distribuer.
Prix de la feuille.. 0 10

Prière pour demander à Dieu la grâce d'être préservé de toutes les maladies épidémiques et contagieuses. Avec permission de l'ordinaire. Prix broché.... 0 20

Instructions et prières pour la Neuvaine de S. François Xavier, de la C¹⁰ de Jésus, apôtre des Indes et du Japon. *Nouvelle édition* augmentée de la dévotion des dix vendredis en l'honneur du même Saint, et de ses litanies. Brochure in-18. Prix..................... 0 20

Neuvaine en l'honneur de S. Jean-François Régis, de la C¹⁰ de Jésus. Brochure in-18. Prix broché......................... 0 20

Neuvaine en l'honneur de la Séraphique Mère Thérèse de Jésus, pour obtenir de Dieu, par son intercession, les grâces particulières qu'on désire. Brochure in-18. Prix.. 0 20

Neuvaine en l'honneur des Saints Anges. Brochure in-12. Prix.................. 0 20

Neuvaine en l'honneur de S. Roch, avec un précis de sa vie. Brochure in-18. Prix.............................. 0 20

Neuvaine en l'honneur de S. Antoine de Padoue, de l'ordre de S. François, publiée par les RR. PP. Récollets. La douzaine broché.................. 1 40

Neuvaine en l'honneur de Notre-Seigneur Jésus-Christ. *Pour préparer les fidèles à la Fête de sa naissance.* Suivie de Pratiques de dévotion pour honorer le Très-Saint Enfant Jésus pendant 9 semaines avant Noël et la Sainte Quarantaine. La douzaine broché.................. 1 40

Méditations et prières pour la Neuvaine du Bienheureux Pierre Claver, de la Cie de Jésus. La douzaine broché............ 1 40

Neuvaine en l'honneur de Ste Philomène, Vierge et Martyre. La douzaine broché. 1.40

Neuvaine préparatoire à la fête du B. Pierre de Luxembourg, second Patron de la ville d'Avignon. Prix broché.......... 1 40

Notice sur Saint Bénézet et le Bienheureux Pierre de Luxembourg, suivie de Prières et d'un Cantique en leur honneur. La douzaine broché................... 1 40

Les Sept Douleurs et les Sept Allégresses de S. Joseph, Neuvaine en son honneur, avec les Sept Douleurs et les Sept Allégresses de la Sainte Vierge. La douzaine broché...... 1 40

Essai biographique sur Théodore Aubanel, Poëte provençal. Brochure in-12 de 24 pages. Prix broché........................... 1 05

Les Noëls de Micoulau-Saboly et des Félibres. Avec une préface par *Frédéric Mistral*. Nouvelle édition, revue et augmentée. Un joli volume in-12. Prix broché........................... 0 85

Les Noëls d'Antoine Peyrol et de Denis Cassan. Avec une notice biographique sur Peyrol par Théodore AUBANEL. Un joli vol. in-12. Prix broché........................... 0 65

Almanach de la Santé et de l'Hygiène. *A l'usage des Familles et des Communautés religieuses,* par un docteur en médecine. Prix broché........................... 0 60

Envoi *franco* contre mandat-poste.

Documents manquants (pages, cahiers...)
NF Z 43-120-13